ANALYSEN UND REFLEXIONEN
Band 65

W0233753

Thomas Berger

Friedrich Dürrenmatt

Die Physiker

Interpretationen und Materialien

Joachim Beyer Verlag – 96140 Hollfeld/Ofr.

4. Auflage 1998

ISBN 3-88805-042-1

© 1988 by Joachim Beyer Verlag, 96142 Hollfeld
Alle Rechte vorbehalten!
Druck: Druckhaus Beyer GmbH, Langgasse 25, Hollfeld

„Es ist mit den Waffen wie mit anderen Bereichen der wissenschaftlichen und technischen Revolution auch. Der Mensch hat sich im Umgang mit der Natur schier grenzenlose Möglichkeiten eröffnet. Nun stößt er an eine neue Grenze, nämlich die seiner eigenen herkömmlichen Einsicht und Verantwortung. Da liegt die gewaltige Gefahr, aber auch die große und neue Chance.

Weil die Kernwaffen die Menschheit auslöschen können, können sie keine Konflikte mehr lösen.

Wir müssen um des Lebens willen zu einer neuen Einsicht und Verantwortung im Umgang mit Konflikten vorstoßen.

Das ist die große Herausforderung vor uns."

> (Richard von Weizsäcker,
> Rede zum Amtsantritt am 1. Juli 1984)[1]

---

1) Richard von Weizsäcker, S. 70 f.
Von Deutschland aus.
Reden des Bundespräsidenten.

Inhalt

1. Biographisches in Stichworten

5. Januar 1921   Friedrich D. als erstes Kind seiner Eltern in Konolfingen, Kanton Bern, geboren; Vater: Reinhold D., ev. Pfarrer; Mutter: Hulda Dürrenmatt-Zimmermann;
Zur Familie gehört die nach zwölfjähriger Kinderlosigkeit der Eheleute an Kindes Statt angenommene ältere Adoptivschwester; drei Jahre später wird noch eine leibliche Schwester geboren;
hier besucht Friedrich D. die Primarschule.

1933 – 1935   Besuch der Sekundarschule in der benachbarten Bauerngemeinde Großhöchstetten.

1935   Übersiedlung der Familie in die Kantonshauptstadt Bern, wo Reinhold D. nach vierundzwanzigjähriger Amtsausübung in Konolfingen im Salemspital und dem Diakonissinnenheim Seelsorger wird; hier zweieinhalb Jahre Besuch der Abteilung A des Freien Gymnasiums; danach wegen teilweise ungenügender Noten und heftiger persönlicher Konflikte mit Angehörigen des Lehrkörpers ein gern vollzogener Schulwechsel an das Berner Humboldtianum.

1941 – 1945   Nach erfolgreich absolvierter Maturitätsprüfung Studium ohne klar erkennbares Ziel; Friedrich D. hört Germanistik, Philosophie und Naturwissenschaften – zunächst ein Semester in Zürich, danach in Bern; Beschäftigung mit Kierkegaard, Aristophanes, Trakl, Heym; erste schriftstellerische Versuche; Studienabbruch, ohne ein Examen erreicht zu haben.

2. Oktober 1943   Fertigstellung des Theaterstücks „Komödie", das ungedruckt bleibt, sowie zweier Erzählungen.

1945   Im Berner „Bund" erscheint die Kriegserzählung „Der Alte", ferner entstehen kleinere Produktionen in verschiedenen Fassungen sowie Zeichnungen und Gemälde.

ab Winter 1946   Aufenthalt in Basel; Heirat mit der aus Ins stammenden Schauspielerin Lotti Geißler.

1948   Umzug nach Ligerz am Bielersee; Tätigkeit als freier Schriftsteller; neben gesundheitlichen Besorgnissen um eine festgestellte Diabetes mellitus wirken vor allem materielle Sorgen belastend; Dürrenmatt schreibt Theaterkritiken für die „Weltwoche", zwei Kriminalromane für den „Beobachter" und Kabarett-Texte für das „Cornichon"; letztere kreisen bereits auch um das Thema der Atombombe.

1952   Übersiedlung nach Neuchâtel in ein eigenes Haus, das hoch über dem See liegt, mit Ehefrau Lotti und den Kindern Peter, Barbara und Ruth; die Einkommensverhältnisse haben sich mit der Uraufführung von „Die Ehe des Herrn Mississippi" entscheidend verbessert; erste theoretische Standortbestimmungen zur Problematik der Komödie („Anmerkung zur Komödie").

1955   Essay „Theaterprobleme"; die Komödie wird darin als einzig angemessene Möglichkeit gesehen, die Gegenwart theatralisch abzubilden („Uns kommt nur noch die Komödie bei").[2]

1956	Hörspielpreis der Kriegsblinden für „Die Panne".
1958	Hörspielpreis „Prix d'Italia" für „Abendstunde im Spätherbst".
1959	Reise nach New York; Verleihung des Schiller-Preises in Mannheim; im Festvortrag setzt sich Dürrenmatt abgrenzend mit Brecht auseinander.
1960	Reise nach London.
1961	Reise nach Berlin.
1964	Reise in die Sowjetunion, wohin Dürrenmatt aus Anlaß des 150. Todestages des ukrainischen Nationaldichters Schewchenko eingeladen worden ist; in diesen Jahren ständig parallele Produktionen als Schriftsteller, Maler und Zeichner.
1968	Dürrenmatt verficht vor Mainzer Studenten im „Monstervortrag über Gerechtigkeit und Recht" die Trennung von Kunst und Politik; er tritt ein in die Direktion des Baseler Stadttheaters als Partner des Regisseurs Werner Düggelin.
1969	Dürrenmatt erkrankt im April schwer; er beendet seine Zusammenarbeit mit Düggelin nach Querelen um eine Bearbeitung von Lessings „Minna von Barnhelm" und

2) Theater-Schriften und Reden, S. 122

um die Besetzungsliste einer vorgesehe-
nen „Mississippi"-Aufführung; im Oktober
wird ihm im Berner Stadttheater der „Große
Literaturpreis des Kantons Bern" verliehen;
in seiner Rede „Für eine neue Kulturpolitik"
verwahrt sich der Dichter gegen den Versuch der Preisverleiher, ihn als Konformi-
sten zu vereinnahmen und gibt den 15000-
Franken-Preis weiter an drei Intellektuelle
seiner Wahl; im gleichen Jahr erhält er die
Ehrendoktorwürde (Doctor of Literature)
der Temple Universität Philadelphia USA;
Aufnahme der Tätigkeit als Mitherausgeber
des Zürcher „Sonntags-Journal" (vormals
„Zürcher Woche").

1970   Dürrenmatt verläßt wie Max Frisch und
        zwanzig weitere Autoren den Schweizer
        Schriftsteller-Verein wegen grundsätzli-
        cher Differenzen um Geist und Sprache
        des „Zivilverteidigungsbuches" von 1969,
        das Vereinspräsident Maurice Zermatten
        „in einer französischen Fassung noch
        mehr ‚ideologisiert' hat".[3]

1971   Dürrenmatt beendet seine Tätigkeit als Mit-
        herausgeber des Zürcher „Sonntags-
        Journal".

1972   Inszenierung von Büchners „Woyzeck" in
        Zürich.

1973   Uraufführungs-Mißerfolg der Komödie
        „Der Mitmacher" in Zürich unter der Regie
        von Andrzej Wajda, einem berühmten pol-
        nischen Regisseur („Asche und Diamant");
        noch vor der Premiere hatte sich dieser von
        seiner eigenen Inszenierung distanziert,

3) Jan Knopf, Friedrich Dürrenmatt, S. 135

weil sie immer wieder durch Dürrenmatts aktiv veränderndes Eingreifen beeinflußt worden war; Dürrenmatt gilt der Kritik hinfort als ein Dramatiker, der seine große Zeit hinter sich hat.[4]

1974	Israel trägt Dürrenmatt eine Ehrenprofessur an; der Dichter hält einen Vortrag über den Staat der Juden, den er in der Folge zu einem umfangreichen Essay erweitert.
1975	„Zusammenhänge. Essay über Israel. Eine Konzeption."
1977	Komödie um den Tod des spanischen Diktators Franco „Die Frist"; in der historischen Konkretheit des dramatischen Gegenstandes offenbart sich ein bemerkenswert neuer Akzent.
1983	Österreichischer Staatspreis für Europäische Literatur.
1987	Teilnahme an einem „Internationalen Forum für den Frieden" in Moskau, bei dem auch Max Frisch anwesend ist; eine Interview-Äußerung spricht von der Arbeit an einem „schier endlosen Prosawerk", daß sich „hauptsächlich mit philosophischen Fragen" beschäftigt.[5]
1990	F. D. erhält den Staatspreis der CSFR. Am 25.11. tritt er zum letzten Mal in der Öffentlichkeit auf (Berlin). F. D. stirbt an Herzversagen am 14.12. des Jahres.

---

4) vgl. Jan Knopf, a. a. O., S. 142
5) Neues Deutschland, 21./22. März 1987, S. 6

2. Ausgewählte Angaben zur Bibliographie

1943	„Komödie" (Komödie).
1945	Der Alte (Erzählung).
1947	Es steht geschrieben (Tragikomödie über die Wiedertäufer; Neufassung 1967).
1948	Der Blinde (Drama, gedruckt 1960).
1949	Romulus der Große (Komödie, überarbeitet 1958). Pilatus (Erzählung).
1950	Der Richter und sein Henker (Kriminalroman, 1957 Hörspiel). Der Nihilist (Erzählung).
1951	Der Verdacht (Kriminalroman). Der Prozeß um des Esels Schatten (Hörspiel).
1952	Die Ehe des Herrn Mississippi (Komödie, Neufassung 1957). Anmerkung zur Komödie. Nächtliches Gespräch mit einem verachteten Menschen (Einakter). Stranitzki und der Nationalheld (Hörspiel, Drama 1959). Die Stadt. Prosa I – IV (Sammelband).
1953	Ein Engel kommt nach Babylon (Komödie, Neufassung 1957).
1954	Herkules und der Stall des Augias (Hörspiel, Uraufführung als einaktige Komödie 1963).

1955	Grieche sucht Griechin (Prosa-Komödie). Theaterprobleme (Essay). Das Unternehmen der Wega (Hörspiel, gedruckt 1958, erweitert 1969).
1956	Der Besuch der alten Dame („Eine tragische Komödie in drei Akten"). Die Panne (Hörspiel und Erzählung). Der Beruf des Schriftstellers (Essay). Vom Sinn der Dichtung in unserer Zeit (Essay).
1957	Abendstunde im Spätherbst (Hörspiel, auch TV-Spiel, gedruckt 1959). Herr Korbes empfängt (Hörspiel).
1958	Es geschah am hellichten Tag (Filmdrehbuch). Das Versprechen. Ein Requiem auf einen Kriminalroman (Romanfassung des Filmstoffes).
1959	Frank der Fünfte. Oper einer Privatbank (Musik von Paul Burkhard). Friedrich Schiller (Rede, gedruckt 1960). Amerikanisches und europäisches Drama (Essay).
1960	Der Doppelgänger (Hörspiel).
1961	Die Ehe des Herrn Mississippi (Filmdrehbuch).
1962	Die Physiker (Komödie).
1963	Die Heimat im Plakat. Ein Buch für Schweizer Kinder. Herkules und der Stall des Augias (Neufassung als Festspiel).

Die Hochzeit der Helvetia mit dem Merkur (Text zur szenischen Kantate für das Kabarett).

1964   Frank der Fünfte. Oper einer Privatbank (Neufassung).
Der Tunnel (Erzählung).

1966   Der Meteor (Komödie).
Theater-Schriften und Reden.

1967   Die Wiedertäufer (Neufassung von ‚Es steht geschrieben‘).

1968   Monstervortrag über Gerechtigkeit und Recht (vor Studenten in Mainz).
König Johann (nach Shakespeare).

1969   „play Strindberg" (Drama nach Strindbergs ‚Totentanz‘)
Monstervortrag über Gerechtigkeit und Recht nebst einem helvetischen Zwischenspiel. Eine kleine Dramaturgie der Politik (Drucklegung der Rede von 1968).

1970   Porträt eines Planeten (Komödie).
Urfaust (Bearbeitung des Goetheschen Werkes).
Sätze aus Amerika (Schriften).
Titus Andronicus (Bearbeitung des Shakespearschen Werkes).

1971   Der Sturz (Erzählung).

1973   Der Mitmacher (Komödie).

1975   Nachwort zum ‚Mitmacher‘ (Schrift).
Stoffe. Zur Geschichte meiner Schriftstellerei.

1976	Zusammenhänge. Essay über Israel. Eine Konzeption.
1977	Die Frist (Komödie).
1980	Die Frist (Neufassung).
1983	Achterloo (Komödie).
1985	Justiz (Roman).
1986	Novelle in 24 Sätzen: Der Auftrag oder Vom Beobachten des Beobachters der Beobachter Das Theater als moralische Anstalt heute Achterloo III
1988	Achterloo VI (Uraufführung in Schwetzingen) Werkausgabe in sieben Bänden
1989	Roman: Durcheinandertal
1990	Turmbaustoffe IV-IX
1992	Sechs Essays: Gedankenfuge (aus dem Nachlass)

Die angegebenen Jahreszahlen beziehen sich auf die Uraufführung bzw. die Erstveröffentlichung der Dürrenmattschen Werke.

3. Dichtart Komödie

Man führt den Gattungsbegriff Komödie zurück auf das griechische Verb ‚komazein‘, was etwa meint ‚ausgelassen schwärmen‘ oder auf die Wurzeln ‚komos‘ – Umzug (auch von Bezechten) – und ‚ode‘ – Gesang.

Die attische Komödie erwuchs aus verschiedenen Formen volkstümlicher Belustigung wie Choraufzügen mit Tanz und Spottgesang, Streitgesprächen und Maskenspielen. Sie förderte die Ausgelassenheit während der Dionysosfeste.

Eine Grobeinteilung, vorgenommen von alexandrischen Gelehrten, unterschied die Alte, Mittlere und Neue Komödie.

Die Alte Komödie bis etwa 400 v. Chr. ist eng mit dem Namen Aristophanes verbunden. Elf seiner Komödien sind vollständig erhalten geblieben. Sie behandeln zeitgenössische politische Probleme aus der Sicht der Polis und sparen die Kritik an prominenten Bürgern nicht aus. Die Schauspieler trugen Maske und Kostüm; dabei wurden Bauch- und Gesäßpartien überbetont durch auftragende Polster. Auch ein überdimensionierter Lederphallos gehörte zur Ausstattung. Trotz gelegentlicher kleiner Abweichungen folgte der Stückaufbau unverkennbar einem Grundmuster: Prologszene, Parodos (Einzugslied des Chores), Agon (Streitpartie), Parabase (Aufzug des Chores), episodische Szenen (mit Farcencharakter), Exodos (Auszug des Chores).

Die Mittlere Komödie bis etwa 320 v. Chr. war zwar reich an Produktionen, aber nur spärliche fragmentarische Reste sind erhalten geblieben. Die Parabase – einst das Hauptinstrument für gesellschaftkritische Klänge – fiel jetzt weg. Das Unpolitische herrschte thematisch vor: Mythentravestie, Hetärenleben und Parasiten als Motivgestalten. Der Niedergang der athemischen Demokratie spiegelte sich in den Stücken wider. Bekannte Autoren waren Antiphanes und Alexis.

Nach 320 v. Chr. dominierte die Neue Komödie mit deutlicher Ausweitung der thematischen Bezüge aus Politik, Bürgerleben und Mythentravestie. Der Chor trat jetzt völlig in den Hintergrund. Menandros, Diphilos und Philemon zählten zu den bedeutendsten Komödienschreibern. Die Neue attische Komödie bildete den Nährboden für die Entwicklung römischer Komödien.

Berühmt wurden die von differenzierten Positionen her[6)] ge-
stalteten Komödien der beiden Römer Plautus und Terentius.
So wirkten Impulse, die von der Neuen Komödie ausgingen,
über das Schaffen dieser beiden Autoren bis hinein in die Neu-
zeit auf Bauformen, Figurenstruktur, Dezenz der Handlung und
anderes mehr.
Zuerst läßt sich der nachhaltige Einfluß der Neuen Komödie in
der italienischen Renaissance-Komödie (Macchiavelli) und in
der englischen elisabethanischen Komödie (neben Shakespeare auch B. Jonson) erkennen.
Elemente der überkommenen volkstümlichen Typen-Komödie
beeinflußten die italienische Commedia dell'arte (Goldoni), die
seit dem 16./17. Jahrhundert – sich vor allem nach Frankreich
und Deutschland ausbreitend – bis ins späte 18. Jahrhundert
hinein als Alternative zur Aufklärungs-Komödie (Beaumar-
chais, Lessing) wirkte, deren Wegbereiter einst Molière mit seinen Charakter-Komödien war. Wichtige Anregungen empfing
die europäische Komödie von der volksverbundenen spani-
schen Komödie des 17. Jahrhunderts (Lope de Vega, Calde-
ron).
Im 19. und 20. Jahrhundert ist die weitere Entwicklung des
Genres außerordentlich vielschichtig, teilweise sogar gegen-
sätzlich verlaufen.
Es muß an dieser Stelle genügen, andeutend-repräsentativ auf
einige prominente Verfasser hinzuweisen wie Labiche, Girau-
dox und Anouilh im französischen, Wilde, Shaw, O'Casey im
europäisch-englischen und Gogol im russischen Sprachraum.
Im deutschen Sprachraum finden wir die gerade im Zusammenhang mit Frisch und Dürrenmatt ausdrücklich zu vermer-
kende lokale Mundartposse der Wiener Schule (Raimund, Nestroy). Daneben und danach kommt es zu herausragenden
Leistungen des Komödienschaffens, die ihresgleichen zwar
gesucht, aber kaum gefunden haben, so daß sie eigentlich ohne echte Nachfolge geblieben sind: Kleists „Der zerbrochene
Krug" (1808), Hauptmanns „Der Biberpelz" (1893), Sternheims
„Die Hose" (1911) und endlich Zuckmayers „Der Hauptmann
von Köpenick" (1931). Die gesellschaftlichen Strukturen des
20. Jahrhunderts, der Zeitcharakter, erweisen sich freilich als
dem schieren Lachtheater abhold.

Seine Komödie tendiert folgerichtig mehr und mehr zur Tragikomödie, so bei Hauptmann, Pirandello, Schnitzler, von Horvath und eben auch bei Friedrich Dürrenmatt.

Eine andere Grundtendenz weist hinüber zur Groteske. Wir finden sie bei Shaw, Wedekind, Sternheim und geradezu exemplarisch bei Max Frisch mit seinem Stück „Biedermann und die Brandstifter". In aller Regel versagen sich moderne Komödien eindeutiger Zuordnung. Die Elemente des Tragischen und des Grotesken durchdringen einander – oft genug beim gleichen Autor oder auch im selben Stück. Dürrenmatts Werk bietet Beispiele in Fülle. Eines von ganz besonderem Rang: „Der Besuch der alten Dame" – im Untertitel „eine tragische Komödie" geheißen.

Wie sehr sich auch die Merkmale des Genres historisch modifiziert haben mögen, es bleibt Übergreifendes:

Die H a n d l u n g wurzelt im Bereich des Alltäglichen – hier als Gegensatz zum Erhabenen und Heroischen verstanden.

Das P e r s o n a l rekrutiert sich traditionell aus dem Kreis der sozial Minderprivilegierten, was bis über die Mitte des 18. Jahrhunderts hinaus als ständische Gattungstrennung zwischen Tragödie – reserviert für Figuren der höheren Stände – und Komödie – mit Volksgestalten – gleichsam festgeschrieben war (Gottsched, „Versuch einer Critischen Dichtkunst vor die Deutschen" 1730) und einen entscheidenden Zielpunkt Lessingscher Angriffslust darstellte („Miß Sara Simpson", 1755, das „erste bürgerliche Trauerspiel" in der deutschen Literatur).

Die K o n f l i k t l ö s u n g bewirkt überwiegend glückhafte oder wenigstens versöhnliche Handlungsausgänge, die dennoch eines bitteren Beigeschmacks nicht unbedingt entraten müssen, wie gerade Dürrenmattsche Stückschlüsse lehren.

In der ästhetischen Kategorie des K o m i s c h e n erwächst dem Verhältnis von Anspruch und Realität ein denunzierender Wertmesser. Die Verbindung des Tragischen mit dem Komischen vollzieht sich in der Tragikomödie, indem objektiv Tragisches auf komische Weise dargestellt oder zumindest in komi-

---

6) Titus Maccius Plautus (um 250 bis 184 v. Chr.), soll 130 Komödien geschrieben haben; 21 sind erhalten geblieben; er bearbeitete seine griechischen Vorlagen sehr frei und paßte sie dem Publikumsgeschmack an.
Afer Publius Terentius (um 190 bis 159 v. Chr.) schrieb sechs Komödien, die alle erhalten geblieben sind; er hielt sich eng an die griechischen Originale.

sche Beleuchtung gerückt wird. Dieser Methode bedient sich Brecht beispielsweise in „Mutter Courage und ihre Kinder." Dürrenmatts erstes Bühnenstück mit dem geradezu programmatischen Titel „Komödie" wurde nie gedruckt; das zweite hat zwar die Bühnenbretter erlebt, vermochte aber 1947 in der Urfassung „Es steht geschrieben" nicht zu überzeugen. 1969 erinnert sich Dürrenmatt: „... und mein erstes Stück verursachte einen Skandal ... Die Zuschauer pfiffen ..."[7]

Ein Jahr später folgte „Der Blinde", eine dramatische Fassung des Hiob-Themas, angesiedelt im historischen Umfeld des Dreißigjährigen Krieges. Diesen beiden frühen dramatischen Produktionen hat man bescheinigt, sie seien „ohne handwerkliche Kenntnis der Bühnenwelt"[8] entstanden – ein etwas befremdlicher Vorwurf, so man sich an Dürrenmatts Kritikertätigkeit für die „Weltwoche" erinnert.

Am 25. April 1949 wurde „Romulus der Große" in Basel uraufgeführt, und nun war alles anders: „Romulus hat – auf den ersten Blick – mit den früheren Werken kaum mehr etwas gemeinsam ... Von Gott ist nicht mehr die Rede; auf der Welt geht es nach wie vor übel zu, aber Gott wird nicht mehr dafür verantwortlich gemacht, sondern der Mensch, die Natur des Menschen, der Zufall. Neben dieser Wandlung im Gedanklichen hat sich eine Wandlung in der Sprache und in der Bühnentechnik vollzogen. Die Personen werden zum erstenmal durch ihre Sprache charakterisiert. Während vorher die eine oder andere Figur das Publikum durch gelegentlichen Jargon oder Dialektausdrücke schockierte, sprechen nun gewisse Personen innerhalb eines bestimmten Sprachbereichs."[9]

Zur poetischen Absicht gesellte sich poetisches Handwerk. Drei weitere Jahre vergingen bis zum nächsten Stück „Die Ehe des Herrn Mississippi" – uraufgeführt am 26. März 1952 in München. Es scheint, als sei der Bühnenautor Dürrenmatt in den Schatten des Prosaschriftstellers getreten für diesen Zeitraum, gehören doch die beiden prachtvollen Kriminalromane „Der Richter und sein Henker" und „Der Verdacht" zu seinen Produktionen. Ohne Zweifel war er aber auch ausgefüllt mit dem Nachdenken über die Poetik der Komödie, denn kurz

7) Friedrich Dürrenmatt, Dramaturgisches und Kritisches, S. 7
8) Elisabeth Brock-Sulzer, Dürrenmatt in unserer Zeit, S. 24
9) Armin Arnold, Friedrich Dürrenmatt, S. 33

nach der Jahrhundertmitte ließ Dürrenmatt seiner frühen Komödien-Praxis theoretische Fundierungen folgen. Von nun an bildeten sich in einer Reihe breitgestreuter Veröffentlichungen allmählich die Konturen einer eigenen poetischen Komödien-Theorie ab, wenn auch Dürrenmatt nie müde wurde, seinen Nicht-Theoretiker-Status zu betonen – zugunsten des Stückeschreibers und Bühnen-Experimentators.

Seine Reflexionen lassen sich im wesentlichen unter drei Aspekten zusammenfassen. Er setzt einmal zu einer gattungshistorischen Definition der Komödie an; zum zweiten deutet er so etwas wie eine geschichtsphilosophische Begründung der Komödie als die adäquate Dramenform unserer Zeit an; und zum dritten beschäftigt er sich mit dem Wirkungsaspekt der Komödie: mit der Wirkung des Komischen auf den Zuschauer."[10]

In der 1952 veröffentlichten „Anmerkung zur Komödie" geht es um Selbstfindung, um Standortbestimmung innerhalb der Komödientradition. Dürrenmatt sieht zwei Traditionslinien, die auf das europäische Schaffen eingewirkt haben. Sie gehen aus von der Alten attischen Komödie des Aristophanes, in welcher der theatralische Einfall dominierte, beziehungsweise von der Neuen attischen Komödie, die eine Tendenz zur Typisierung bestimmter Stoffe und Handlungsträger – ungeachtet möglicher psychologischer Modifikationen – mit Anleihen bei der Tragödie für den Stückaufbau verband.

Dürrenmatt, selbst der aristophanischen Tradition verpflichtet, erkennt ihre Spuren bei Gozzi, Raimund und Nestroy, aber auch bei Wedekind, Karl Kraus und Bertolt Brecht.

Der theatralische Einfall – ein Zentralbegriff in Dürrenmatts Poetik der Komödie – verformt die zeitgenössische Szenerie ins Komische, schafft so Distanz und verfremdet die Gegenwart.

Jener Kerngedanke findet sich bereits 1952 angedeutet, der wenig später konsequent zuendegedacht wird: Dürrenmatts spezifische Komödienprojektion als zeitgerechtes Zustands-Abbild.

In diesem Zusammenhang heißt es: „Es ist nicht zufällig, daß Aristophanes, Rabelais und Swift kraft des Grotesken ihre Handlungen i n der Zeit abspielen ließen, Zeitstücke schrie-

---

10) Manfred Durzak, Dürrenmatt. Frisch. Weiss, S. 41

ben, i h r e Zeit meinten. Das Groteske ist eine äußerste Stilisie-
rung, ein plötzliches Bildhaftmachen und gerade darum fähig,
Zeitfragen, mehr noch, die Gegenwart aufzunehmen, ohne Tendenz oder Reportage zu sein... . Ich könnte mir daher wohl eine
schauerliche Groteske des zweiten Weltkrieges denken, aber
n o c h nicht eine Tragödie, da wir noch nicht die Distanz dazu
haben können ..."[11]
Drei Jahre später, in den „Theaterproblemen" läßt der Autor seinen historischen Vorbehalt fallen: „Aus Hitler und Stalin lassen
sich keine Wallensteine mehr machen. Ihre Macht ist so riesen-
haft, daß sie selber nur noch zufällige, äußere Ausdrucksfor-
men dieser Macht sind, beliebig zu ersetzen, und das Unglück,
das man besonders mit dem ersten und ziemlich mit dem zweiten verbindet, ist weitverzweigt, zu verworren, zu grausam, zu
mechanisch geworden und oft einfach auch allzu sinnlos."[12]
Aus Dürrenmatts Überzeugung, die chaotisch anmutende moderne Welt entziehe sich der Behandlung in der Tragödie, reift
das bedingungslose Bekenntnis zur Komödien-Form. Was in
der „Anmerkung" drei Jahre früher lediglich als möglich qualifi-
ziert wurde, erhält 1955 in den „Theaterproblemen" das Prädi-
kat ‚einzig möglich'. Es fügt sich zu dieser Position, wenn in den
„21 Punkten zu den Physikern" vermerkt wird: „Eine Geschichte
ist dann zu Ende gedacht, wenn sie ihre schlimmstmögliche
Wendung genommen hat".[13]
An anderer Stelle liefert Dürrenmatt die nötige Definition: „Die
schlimmst-mögliche Wendung, die eine Geschichte nehmen
kann, ist die Wendung in die Komödie".[14]
Es spricht für die antizipatorische Qualität Dürrenmattscher
Wirklichkeitssicht, wenn sich der Zeitgenosse an der Jahrhun-
dertneige ebenso vertraut angerührt fühlt, wie derjenige der
fünfziger Jahre von den „Theaterproblemen", in denen es heißt:
„Die Tragödie setzt Schuld, Not, Maß, Übersicht, Verantwortung
voraus. In der Wurstelei unseres Jahrhunderts, in diesem Kehr-
aus der weißen Rasse, gibt es keine Verantwortlichen mehr. Alle
können nichts dafür und haben es nicht gewollt. Es geht wirklich ohne jeden. Alles wird mitgerissen und bleibt in irgend-

---

11) Friedrich Dürrenmatt, Theater-Schriften und Reden, S. 136
12) Friedrich Dürrenmatt, Theater-Schriften und Reden, S. 119
13) Friedrich Dürrenmatt, Die Physiker, S. 82 – 3. These
14) Friedrich Dürrenmatt, Nachwort zu den ‚Wiedertäufern' – zitiert nach Durzak,
    S. 42

einem Rechen hängen. Wir sind zu kollektiv schuldig, zu kollektiv gebettet in die Sünden unserer Väter und Vorväter. Wir sind nur noch Kindeskinder. Das ist unser Pech, nicht unsere Schuld: Schuld gibt es nur noch als persönliche Leistung, als religiöse Tat. Uns kommt nur noch die Komödie bei."[15]

Ein derart resignativ-programmatisches Bekenntnis zur Komödie läßt zwar Assoziationen mit möglichem Lachtheater kaum aufkommen, aber als asketische Absage an den Unterhaltungswert der Produktionen wäre es mit Sicherheit mißdeutet. Dafür bürgen Dürrenmatts künstlerisches Temperament, seine theatralischen Einfälle und nicht zuletzt eine widerborstige Befindlichkeit, der auch Ulrich Profitlich prägenden Einfluß auf das Komödienschaffen beimißt: „Dürrenmatts Stücke gewinnen ihren ‚Komödien'-Charakter weitgehend aus dem Kontrast zu den Konventionen überlieferter Genres, vor allem der Tragödie. Sie sind – das wird man vor allem anderen sagen müssen – Produkte einer elementaren Lust an der Opposition. Keines von ihnen, das nicht die Freude des Autors am Andersmachen, am Sich-Absetzen von einem Vorgegebenen bezeugte."[16]

15) Friedrich Dürrenmatt, Theater-Schriften und Reden, S. 122
16) Ulrich Profitlich, Friedrich Dürrenmatt. Komödienbegriff und Komödienstruktur. Eine Einführung, S. 57

4. Kern-Daten zur Kernphysik

1589	Galileo Galilei formuliert die Fallgesetze. Er wird damit zum Begründer der experimentellen Physik. Die Bewegungslehre des Aristoteles findet ihre Widerlegung.
1687	Isaac Newton formuliert die Grundgesetze der Mechanik. Er erkennt Zusammenhänge zwischen Kraft, Masse und Beschleunigung. Seine Erkenntnisse leitet er von den Bewegungen der Himmelskörper ab; er überträgt sie auf irdische Bedingungen.
1896	Henri Bequerel entdeckt die natürliche Radioaktivität als Erscheinung.
1898	Marie und Pierre Curie entdecken und untersuchen die Radioaktivität bestimmter Elemente. Damit beginnt das Erforschen kernphysikalischer Erscheinungen auf Grund der Kenntnisse über die Erhaltung der Energie.
1919	Ernest Rutherford gelingt es, die erste Kernumwandlung künstlich herbeizuführen. Er schafft so die Grundlage für das Erschließen einer neuen Energiequelle.
1934	Irene und Frederic Joliot-Curie entdecken die künstlich herbeiführbare Aussendung energiereicher Strahlung aus dem Atomkern.
1938	Otto Hahn und sein Assistent F. Straßmann führen am Uran 235 die erste Atomkernspaltung herbei. Möglichkeiten der militärischen Nutzung zeichnen sich ab.

1939 – 45	Zweiter Weltkrieg: Der ungarische Physiker Szilard veranlaßt Albert Einstein, sich an Präsident Roosevelt zu wenden, damit die USA im Gegenzug auf die wahrscheinliche Entwicklung der deutschen Atombombe reagieren möge. Man ging davon aus, Hitler forciere ihr Entstehen mit allen Kräften.
1942	Enrico Fermi entdeckt die Kernumwandlung durch Bestrahlen mit Neutronen. Die gesteuerte Kettenreaktion gelingt erstmalig im Großversuch im ersten Kernreaktor, der in Chikago steht.
1943	Robert Oppenheimer wird Leiter des „Manhattan Projects". Verbindungsmann zum Pentagon ist General Groves. Es beginnt ein „Wettrüsten", das auf dem Irrtum beruht, Deutschland rüste atomar auf. Indessen sind deutsche Versuche nach positiven Anfangsergebnissen mit Uran wieder eingestellt worden, weil nicht genügend spaltbares Material zur Verfügung stand.
16. Juli 1945	Zwei Monate nach der Kapitulation Deutschlands wird die Uran-Versuchsbombe „Trinity" auf einem Versuchsgelände bei Los Alamos in New Mexico (USA) zur Explosion gebracht. Die Entwicklungskosten haben 2 Milliarden Dollar verschlungen.
6. August 1945	Die Uran-Bombe „Thin Boy" fordert in der japanischen Stadt Hiroshima etwa 260000 Menschenleben und 163000 Verletzte oder Vermißte. Noch Jahrzehnte später erkranken und sterben neue Opfer an den Spätfolgen.
9. August 1945	Die Plutonium-Bombe „Fat Boy" fordert in Nagasaki etwa 36000 Menschenleben und 40000 Verletzte.

1949	Die UdSSR nimmt im August den ersten Atom-Sprengtest vor. Das echte atomare Wettrüsten hat begonnen.
1951	Thermo-nuklearer Test der USA im Mai auf dem Eniwetok-Atoll, einer der Marshall-inseln.
1953	In den USA werden Ethel und Julius Rosenberg unter der Beschuldigung hingerichtet, Atomspione für die UdSSR gewesen zu sein.
1953	Erste thermo-nukleare Versuchsexplosion der UdSSR im August.
1954	Am 1. März ist das Bikini-Atoll, ebenfalls eine der Marshallinseln, Schauplatz eines Wasserstoffbomben-Tests der USA bei dem die Energie von 15 Millionen Tonnen herkömmlichen Sprengstoffs frei wird.
1954	Inbetriebnahme des ersten Atomkraftwerks in der UdSSR.
1961	Erster französischer Kernwaffentest in der Sahara.
1964	Erste atomare Versuchsexplosion in der Volksrepublik China.
1974	Erste indische Atomdetonation in der Wüste Rajastan.
26. April 1986	Super-Gau im sowjetischen Atomkraftwerk Tschernobyl: „In der kritischen Minute um 1.23 Uhr werden versuchsbedingt die Sicherheitsventile des Turbogenerators geschlossen. Der Wasserzufluß wird abrupt verringert. Die Temperatur im Reaktor

steigt, das Wasser wird extrem erhitzt ...
Der Reaktor liefert binnen drei Sekunden
530 Megawatt. Es gibt einige ‚Schläge',
dann zwei Explosionen, ausgelöst durch
ein Gasgemisch. Das Dach fliegt weg, brennende Materialklumpen und Funken schießen in die Luft ... Über das Kraftwerk steigt
die Explosionswolke."[17]

30. April 1987   „‚Technologie in der UdSSR': Die Sowjetunion ist nach einer Studie der Friedrich-Ebert-Stiftung dem Westen nicht mehr bei allen wichtigen Technologien unterlegen. Wie die SPD-nahe Organisation gestern mitteilte, hat die UdSSR Rückstände noch in der Nachrichtentechnik, der Informationstechnologie und dem Maschinenbau. Einen bedeutenden Vorsprung habe sie sich dagegen in der Weltraumforschung und -technologie erarbeitet. Weltniveau hätten auch ihre Leistungen in der thermonuklearen Forschung, der Laserforschung, der Teilchenstrahlforschung und der Molekular-Genetik."[18]

Juni 1987   Die Volksrepublik China zündet eine Atomladung, welche die Stärke der ersten chinesischen Versuchsexplosion von 1964 um das Zehnfache übertrifft.

5. September 1987 Brasilien ist nach Mitteilung seines Präsidenten in den Kreis der Atommächte aufgerückt.

---

17) Der Spiegel, 16/1987, S. 174
18) Die Welt, 100/1987, S. 9

5. Nukleares Bedrohtsein als Thema

Im Ersten Weltkrieg wurde die Phrase vom ‚Kriegshandwerk‘ endgültig zum Archaismus. Das Zeitalter des industriemäßigen Tötens, der Massenvernichtung auf technologischer Grundlage, nahm seinen Anfang.

Nur zögerlich stellte sich das Zeitbewußtsein auf dieses historische Phänomen ein.

Anachronistische Rituale mischten sich noch lange in die tödlichen Zweikämpfe feindlicher Flugapparate. Stahlpfeile, die miniaturisierten Robin-Hood-Geschossen glichen, wurden bündelweise mit der bloßen Hand aus offenen Pilotensitzen geworfen – Bomben im technischen Embryonalzustand gewissermaßen. Sturmangriffe auf gegnerische Kampfanlagen endeten im seelenlosen Stakkato mechanisierten Dauerfeuers. Materialschlachten führten vor, daß kriegerische Tugenden nichts bedeuteten im Vergleich mit Transportkapazitäten.

Die waffentechnische Nutzanwendung naturwissenschaftlicher Erkenntnisse triumphierte. Eine Grundtendenz des industriellen Zeitalters rückte hier zum erstenmal in grelle Beleuchtung; die normative Kraft des technisch Machbaren. Das Wirken ihrer geistigen Väter, einer Elite von Naturwissenschaftlern, ist nicht ohne publizistische und literarische Begleitung geblieben.

Mit der Entdeckung der Kernspaltung im Herbst 1938 durch Otto Hahn war nicht nur die Atom-Bombe denkbar geworden, sondern auch das bewegendste Thema des Jahrhunderts in die Welt getreten: die nukleare Bedrohung menschlicher Existenz.

Bertolt Brecht behandelt schon 1938/39 in seinem „Leben des Galilei" den Konflikt zwischen dem Dienst an der Wissenschaft und den konkreten Umständen der historischen Situation. Auch er hat dabei die Physiker im Auge: „Gegenüber dem jämmerlichen Versagen der meisten deutschen Intellektuellen gedachte Brecht mit dem Galilei eine positive, beispielgebende Figur zu schaffen. Zum Beispiel war die Haltung der deutschen Physiker während der faschistischen Machtübernahme beschämend gewesen; sie beschimpften eine ihrer größten Autoritäten, Albert Einstein, oder ließen zu, daß er beschimpft oder

verleugnet wurde. Ein deutscher Nobelpreisträger, Philipp Le-
nard, schrieb damals eine vierbändige sogenannte ‚Deutsche
Physik' mit einem gehässigen, rassenhetzerischen Vorwort gegen die ‚jüdische Physik' als dem ‚auffallenden Gegenstück zur
deutschen Physik'. Vorgänge dieser und jener Art, die die Haltung der deutschen Intelligenz kennzeichneten, schwingen in
den ersten Entwürfen mit. In diesem Sinne war der ‚Galilei' als
ein echtes politisches Zeitstück angelegt."[19]

Der Abwurf der Hiroshima-Bombe initiiert dann die geänderte
amerikanische Fassung des Stücks. Brecht merkt dazu an:
„Von heute auf morgen las ich die Biographie des Begründers
der neuen Physik anders. Der infernalische Effekt der Großen
Bombe stellte den Konflikt des Galilei mit der Obrigkeit seiner
Zeit in ein neues schärferes Licht."[20]

1956, im Todesjahr Brechts, erscheint „Heller als tausend Son-
nen. Das Schicksal der Atomforscher", ein Sachbuch aus der
Feder des Journalisten und nachmaligen Zukunftsforschers
Robert Jungk, dessen eigentlicher Name Dr. Robert Baum lau-
tet und der als Sohn des jüdischen Berliner Theatermannes
David Baum in der Emigration den Holocaust überlebt hat.
Praktisch über Nacht wird ein Bestseller daraus. Sein Stoff ist
eine historische Darstellung jener Voraussetzungen, die zur
Entwicklung der Atombombe geführt haben. Das Bomben-
Thema läßt den Verfasser ein Leben lang nicht mehr los – nicht
als Schreibenden, nicht als Wissenschaftler und erst recht
nicht als homo politicus.

1961 gibt Jungk den erschütternden Briefwechsel heraus zwischen dem Hiroshima-Piloten Claude Eatherly und dem damals in Wien lebenden Moral-Philosophen Günther Anders. Er
stellt der Publikation das Motto voran „Die Täter als Opfer". Im
Vorwort heißt es: „. . . nicht ein einziges Land, das sich ent-
schließt, zur Wahrung seiner Werte und seiner Rechte die alle
Werte und alles Recht zerstörenden ‚neuen Waffen' einzusetzen, kann die geistige Belastungsprobe, die bereits ein solches
Vorhaben bedeutet, ohne tiefe Schäden bestehen.
Denn auch ohne je zu explodieren, wirken schon die nur in Bereitschaft gehaltenen Atomwaffen auf die möglichen Täter zu-

---

19) Werner Mittenzwei, Bertolt Brecht. Von der ‚Maßnahme' zu ‚Leben des Galilei',
     S. 247
20) Bertolt Brecht, Stücke VIII, S. 198

rück. Sie höhlen die Demokratie aus, indem sie die wichtigsten Entscheidungen einigen Wenigen überlassen, sie bewirken eine allgemeine Brutalisierung der Waffenträger, die stets zum Letzten fähig und entschlossen sein müssen. Sie zerstören den inneren Glauben der atomgerüsteten Länder an ihre eigene Menschlichkeit und Sittlichkeit."[21]

In seinem undatierten Brief von 1959 schreibt Eatherly: „Gerne würde ich Ihnen ein paar Fragen stellen. Können wir den Physikern vertrauen? Ich meine: Würden diese ihre weitere Arbeit vertagen, um dadurch die militärischen und politischen Machtorganisationen lahmzulegen? Wären sie bereit, auf ihre ‚erste Liebe' zu verzichten, alle finanziellen Forschungshilfen, alle Laboratorien- und Regierungshilfen aufzugeben, und zusammen einen vertrauenswürdigen Verwalter und Wächter ihrer Erfindung (brainchild) zu fordern? Wenn sie dazu imstande wären, dann wären wir sicher."[22]

Unter dem Datum vom 22. Juli 1959 antwortet Anders: „Sie fragen mich, ob die Physiker die moralische Kraft aufbringen werden, auf ihre ‚erste Liebe' zu verzichten. Schwer, diese Frage zu beantworten. Gewiß gibt es einige, die das vielleicht tun werden – die Zahl jener Physiker, deren Gewissen Pauling hat erwecken können, ist sehr ermutigend – aber immer werden wir doch auf andere gefaßt sein müssen, die unfähig oder unwillig sein werden, sich das Ausmaß der Effekte ihrer Tätigkeit wirklich klar zu machen."[23]

Herausgeber Jung bleibt später seinem Engagement gegen die nukleare Bedrohung treu: „In Protestmärschen wider Atomrüstung, Kernkraftnutzung und Naturzerstörung nimmt Robert Jungk seit drei Jahrzehnten einen angestammten vorderen Platz ein."[24] Während einer Mutlangen-Blockade im September 1985 wird der mittlerweile Hochbetagte vorübergehend festgenommen. Im Juni 1986 demonstriert er im französischen Cattenon. Und im Januar 1987 wollen ihn die Behörden in Nürnberg nicht sprechen lassen vor der ‚Bundeskonferenz der Anti-Atomkraft-Bürgerinitiativen' mit der Begründung:

21) Robert Jungk (Hrsg.), Off limits für das Gewissen, S. 7
22) ebenda, S. 35
23) ebenda
24) Der Spiegel, Nr. 5/1986, S. 225

27

„. . . der Zukunftsforscher sei im vergangenen Jahr ‚durch gewaltbejahende Äußerungen aufgefallen'."[25)]

Für Friedrich Dürrenmatt wird die Beschäftigung mit der Atomforscher-Historie zur entscheidenden Anregung für das Physiker-Stück. Für die Zürcher Zeitschrift ‚Die Weltwoche' vom 7. Dezember 1956 rezensiert er Jungks Sachbuch. Dürrenmatts Artikel verrät Engagiertsein. Einzelne Passagen scheinen regelrechte Gedanken-Skizzen für das spätere Bühnenstück. So heißt es etwa: „Auch gibt es keine Möglichkeit, Denkbares geheim zu behalten. Der Denkprozeß ist wiederholbar. Das Problem der Atomkraft – die Atombombe ist nur ein Sonderfall dieses Problems – kann nur international gelöst werden. Durch Einigkeit der Wissenschaftler."[26)]

Ein direktes Wirkungsverhältnis zwischen dem von Jungk herausgegebenen Briefwechsel und Dürrenmatts ‚Physikern' soll hier weder behauptet, noch könnte es gar bewiesen werden. Eben fünf Monate liegen zwischen der Ersterscheinung des Buches und der Uraufführung des Bühnenwerks.

Dennoch registrieren wir Problemparallelen, die immerhin auf authentisches Erfassen der Wesensinhalte des Themas im bühnenliterarischen Werk hinweisen. Zum anderen muß der spekulative Gedanke erlaubt sein, ein so verdienstvoll Inspirierter wie Dürrenmatt könnte durchaus das weitere Schaffen seines Inspirators aufmerksam im Auge behalten haben, so daß Impulse immerhin denkbar bleiben, die von ‚Off limits für das Gewissen' ausgegangen sein mögen.

„Die Physiker" erleben ihre Uraufführung am 20. Februar 1962 im Schauspielhaus Zürich.

Zwei Jahre später sorgt Heinar Kipphardt mit seinem Dokumentarspiel „In der Sache J. Robert Oppenheimer" für Aufmerksamkeit. Grundlage des Stücks ist das Protokoll eines Verwaltungsverfahrens aus dem Jahr 1954 vor der Atomenergiekommission der Vereinigten Staaten, „. . . in dem geklärt werden sollte, ob der ‚Vater der Atombombe' ein verkappter Sowjetagent sei. Der Ausgang des Verfahrens war entscheidend für die Neuzuteilung einer ‚security clearance' (SicherheitsZuverlässigkeitszeugnis) und diese wiederum war Vorausset-

---

25) Der Spiegel, Nr. 5/1987, S. 97
26) zitiert nach Oskar Keller, Friedrich Dürrenmatt. Die Physiker, S. 8f.

zung für das Weiterbestehen des Vertrages als Berater der Atomenergie-Kommission."[27]

Während die literarische Widerspiegelung des Nuklear-Themas, ursprünglich vom Hiroshima-Nagasaki-Trauma geprägt, auf die Bombe fixiert bleibt – was für Brechts Ur-Galilei noch Antizipation war, ist für Jungk, Dürrenmatt und Kipphardt Ereignis – erobert sie sich unweit der Schwelle zum nächsten Jahrtausend eine neue Dimension: die Solidarität der Bedrohten. Mehr und mehr erkennt sich die Menschheit als Schicksalsgemeinschaft, längst schon nicht allein von militärischen Nuklear-Gewalten in ihrer Existenz gefährdet. Jener 26. April 1986, der Tag des Super-Gaus im sowjetischen Kernkraftwerk Tschernobyl, hat die Befindlichkeit einer ganzen Generation verändert.

Christa Wolfs Tschernobyl-Reflexion ‚Störfall. Nachrichten eines Tages‘ – 1987 in Ostberlin und in Darmstadt erschienen – veranschaulicht dies in exemplarischer Weise.

In einem Mecklenburger Dörfchen erlebt die prominente DDR-Autorin die ersten Nachrichten und TV-Berichte über Tschernobyl: „Ich habe versucht, mich dagegen zu wappnen, daß auf dem Fernsehschirm die Gesichter von Menschen auftauchen könnten – sie s i n d aufgetaucht –, die sich bemühen würden, ein Lächeln zustande zu bringen. Deren Haare ausgefallen sein würden. Deren Ärzte das Wort ‚tapfer‘ verwenden würden."[28] Und auch sie fragt nach den Verantwortlichen: „Treiben die Utopien unserer Zeit notwendig Monster heraus?"[29]

Anders als vor Gorbatschow, bemüht sich auch die UdSSR-Literatur, ihren Beitrag zur literarischen Aufarbeitung der Katastrophe zu leisten. So stammt von Wladimir Gubarew, dem Chef der Wissenschaftsredaktion im Parteiblatt ‚Prawda‘, ein Tschernobyl-Drama mit dem symbolisch umschreibenden wie konkret beschreibenden Titel ‚Der Sarkophag‘, das in der Literaturzeitschrift ‚Snamja‘ im September des Unglücksjahres erstveröffentlicht wird. Nach Spielorten in der UdSSR gelangt es auch in Wien, London, Hamburg, Japan und den Niederlanden auf die Bühnenbretter.

---

27) ebenda S. 43
28) Der Spiegel Nr. 13/1987, S. 226
29) ebenda

Der Unglücksreaktor 4 in Tschernobyl, einbetoniert in 300000 Kubikmeter Zement, rechtfertigt den beziehungsreichen Titel ebenso wie die verstrahlten Leichname der in betonummantelten Bleigehäusen beigesetzten Opfer. Gubarew weiß, was er da dramatisiert hat, gehörte er doch zu den ersten Berichterstattern vor Ort. 1986 zeichnete der sowjetische Journalistenverband seine Tschernobyl-Reportagen mit dem Jahrespreis des Verbandes aus. Trotz offener Kritik an Mißständen, kommt in dem Stück nicht der „Hauch eines Zweifels am Prinzip der Atomtechnologie" zum Ausdruck. „‚Unsere Reaktoren sind die sichersten', beteuert der Werkstechniker, schon dem Tode nah, und der Physiker: ‚Der Reaktor ist etwas Vollkommenes, ein Wunder!' Das heißt: Wenn erst ‚perestroika' mit aller Korruption und Schlamperei aufgeräumt hat, wird es nie wieder ein Tschernobyl geben."[30]

Eine Vielzahl von publizistischen Behandlungen des Tschernobyl-Unglücks durch die sowjetische Presse – von der renommierten ‚Literaturnaja Gasjeta' bis zur Armeezeitung ‚Krasnaja swesda' – ist im Ausland registriert worden.

Der sowjetische Dokumentarfilm über das Ereignis wird – außer Konkurrenz gezeigt – zur Sensation der Filmfestspiele in Westberlin 1987.

Nach der Verbreitung über die Kanäle von ARD und ZDF nimmt ihn auch das DDR-Fernsehen in sein Programm auf.

Von einer eher kuriosen Ausprägung literarischer Art berichtet der ‚Spiegel' in einer Tschernobyl-Serie: „Die Wolke . . . zog über die Ukraine und Belorußland nach Polen, Skandinavien und nach Deutschland. Sie bedrohte nun Millionen, die von alledem nichts ahnten. Nicht Stunden oder Tage, sondern Wochen und Monate währte es, bis die Wahrheit ans Licht kam, und da berief sich die Partei plötzlich auf ein höheres Wesen, von dem die Kommunisten sonst meinten, es könne aus dem Elend sonst niemanden erlösen. Ihr Organ, die ‚Prawda' druckte ein Gedicht von Andrej Wosnessenski auf die Tapferen der ersten Stunde:

> Gott ist in dem,
> der das verstrahlte Objekt betrat,
> der den Reaktor löschte,

---

30) Der Spiegel Nr. 14/1987, S. 232

dessen Haut und Kleider verbrannten,
der sich selbst nicht rettete,
aber Kiew und Odessa.
Gott, das ist der Hubschrauberpilot,
der rettete und gerettet wurde."[31]

Nach Tschernobyl begegnet uns Dürrenmatts Physiker-Drama erst recht als jung, zeitnah, uns selbst angehend – ein Gegenwarts-Stück im allerzutreffendsten Sinne.

In einem Interview mit der Ostberliner Zeitung ‚Neues Deutschland' wird diese Problematik berührt:

> „Frage: In Ihren Bühnenstücken, erinnert sei nur an ‚Die Physiker', beschäftigen Sie sich sehr stark mit der Frage, welchen Gebrauch die Menschheit von ihrem Wissen macht...
>
> Antwort: Das Problem besteht nach meiner Auffassung darin, daß das menschliche Wissen ungeheuer zugenommen hat und weiterhin wächst, doch die menschliche Weisheit damit nicht Schritt gehalten hat. Wir haben uns moralisch nicht so entwickelt, wie das wünschenswert und notwendig gewesen wäre und wie es sich die großen humanistischen Denker und Aufklärer vorgestellt haben."[32]

Ähnlich dem betagten Robert Jungk, ist auch der Dichter Dürrenmatt vom nuklearen Thema nicht mehr losgelassen worden. Obwohl nachgewiesenermaßen weder ein Praktiker der Demonstrationsszene, noch ein Kundgebungs-Euphoriker, findet man seinen Namen neben dem Max Frischs, Graham Greene's und anderer Prominenter auf der Teilnehmerliste eines Friedensforums in Moskau, zu dem der Erste Mann der Sowjetunion im Frühjahr 1987 gebeten hatte.

Deutschlands damals jüngster Nobelpreisträger würdigte dieses Engagement von Michail Gorbatschow auf einer ‚Kundgebung der Friedensbewegten' im Münchner Hofgarten mit der Bemerkung, der sowjetische Politiker arbeite „auf den Friedensnobelpreis hin."[33]

Friedrich Dürrenmatts Interesse wäre dem Redner sicher gewesen. Klaus von Klitzing ist Physiker.

---

31) Der Spiegel, Nr. 16/1987, S. 181
32) Neues Deutschland, 21./22. März 1987, S. 6
33) ARD – Tagesthemen vom 13. 6. 1987

6. Die Handlung – Überblick und szenischer Ablauf

Die private Nervenheilanstalt ‚Les Cerisier' – eine Einrichtung, die auf wohlhabende Patienten zugeschnitten ist – wird von Dr. med. Mathilde von Zahnd betrieben.

In einem besonderen Gebäude der Anstalt leben drei als unheilbar geltende Physiker. Hier hatte sich drei Monate vor dem Einsetzen der Handlung ein Mord ereignet. Die Krankenschwester Dorothea Moser war damals erdrosselt worden. Jener Patient, der behauptet, Sir Isaac Newton zu sein, ist der Täter. Sein Irren-Status hat ihn vor den Verfolgungen der Justiz bewahrt.

Jetzt hat sich der Parallelfall ereignet. Unter den Händen des Patienten, der sich Einstein dünkt, ist Schwester Irene Staub gestorben. Die Tatwaffe – eine Lampenschnur – ist gesichert, der Tathergang bekannt, der Täter ebenso – und wieder bleibt die Justiz ohnmächtig. So erteilt man wenigstens der Klinikleitung die Auflage, hinfort nur noch körperkräftige männliche Pfleger mit den drei Physikern umgehen zu lassen.

Deshalb muß sich nun die noch verbliebene Schwester Monika Stettler von dem Patienten Möbius verabschieden. Dieser lebt schon fünfzehn Jahre in ‚Les Cerisier'. Seine Frau, die in dieser langen Zeit treu zu ihm gehalten hat, ist nun doch eine neue Verbindung eingegangen. Nach ihrer Scheidung von Möbius hat sie den Missionar Rose geehelicht und wird nun an dessen Seite mitgehen auf die Marianen.

Der Abschied von Schwester Monika wird unversehens zur Liebesszene. Sie liebt Möbius, glaubt daran, daß ihm wirklich der König Salomo erscheint, und möchte ihn mit in ihr Heimatdorf nehmen, um dort für ihn zu sorgen und zu arbeiten. Sie fühlt, daß Möbius nicht krank ist.

Auch er muß unter dem Ansturm ihrer Gefühle gestehen, daß er sie liebt, aber er warnt, an den König Salomo zu glauben, sei tödlich.

Als Schwester Monika nicht abläßt, ihn zu drängen, mit ihr gemeinsam ein neues Leben in der Öffentlichkeit zu beginnen, wirft ihr Möbius den Fenstervorhang über und tötet sie.

An die Stelle der drei ermordeten Krankenschwestern sind drei ehemalige Boxmeister getreten. Im Verlaufe eines gemeinsamen Abendessens gestehen die Physiker einander die Wahrheit über ihre Situation. Beutler alias Newton heißt tatsächlich Alex Jasper Kilton und ist der Begründer der „Entsprechungslehre". Ernesti alias Einstein heißt Joseph Eisler und hat den „Eisler-Effekt" entdeckt.

Als Wissenschaftler sind sie zu Werkzeugen der Geheimdienste ihrer beiden Länder geworden, die in gegnerischer Konkurrenz den Forschungsergebnissen ihres genialen Physiker-Kollegen Möbius nachjagen bis in das Irrenhaus hinein, in welches sich Möbius seinerzeit zurückgezogen hatte, um seine Wissenschaft vor den „Machtpolitikern" zu bewahren.

Jetzt, da die Wahrheit heraus ist, scheint es nur noch darum zu gehen, wer von ihnen beiden Möbius mit sich nehmen kann. Über diese Frage kommt es beinahe zum Duell. Möbius macht es überflüssig durch die Mitteilung, er habe alle seine Manuskripte verbrannt – die Arbeit von fünfzehn Jahren.

Eine Analyse ihrer Situation zeigt, daß sie außerhalb des Irrenhauses von anderen Formen der Unfreiheit – in Ost oder West – erwartet würden, da in jedem Falle Möbius Entdeckungen den Zwecken der Landesverteidigung unterworfen wären.

Möbius sieht einen einzigen Ausweg: man bleibt im Irrenhaus. In der Freiheit wären die neuen Erkenntnisse Sprengstoff, geeignet, die Welt zu vernichten.

Die drei Krankenschwestern mußten sterben, weil jeder der drei Physiker seine Mission gefährdet sah. Man leert ein Glas auf ihr Andenken und beschließt, im Sanatorium zu bleiben, um als Narren kraft eigener Entscheidung die Geheimnisse der Wissenschaft zu bewahren.

Fräulein Doktor von Zahnd läßt die also Entschlossenen zunächst entwaffnen und offenbart ihnen dann, daß sie seit Jahren alle wissenschaftlichen Erkenntnisse des Patienten Möbius – sie sind heimlich fotokopiert worden – in einem eigens für diesen Zweck geschaffenen Trust für sich auswertet. Auch ihr sei König Salomo erschienen und habe sie beauftragt, die Macht zu übernehmen in der Welt.

Die drei Physiker aber seien in ihr eigenes Gefängnis geflüchtet. Das Haus, in dem sie wohnen, ist die eigentliche Schatzkammer des Trusts, welche die einzigen menschlichen Wesen umschlösse, die außer ihr die Wahrheit wissen. Im übrigen täten nicht Krankenwärter hier Dienst, sondern Angehörige der Werkpolizei.

Die Ärztin begibt sich an ihr Werk. Eine Irre schickt sich an, die Weltherrschaft zu übernehmen.

Die Quintessenz des Stückes formuliert Möbius: „Was einmal gedacht wurde, kann nicht mehr zurückgenommen werden."

Zum Schluß stellt sich jeder der drei Physiker dem Publikum gleichsam resignierend in der selbstauferlegten Irrenrolle vor als Newton, Einstein und König Salomo.

Erster Akt

Die vorangestellte Beschreibung des Handlungsortes arbeitet gleichsam mit einer filmischen Technik. Sie erfaßt zunächst das gesamte Panorama und nähert sich dann stufenweise dem eigentlichen Motiv, bis dieses schließlich das gesamte Bild ausfüllt: der Salon der ‚Villa' im Nervensanatorium ‚Les Cerisiers'. Dieser Schauplatz wird während der Handlung nicht verlassen. Wenn sich der Vorhang öffnet, zeigt der Salon die Unordnung des Tatortes nach einem vorangegangenen Kampf.

Die Spurensicherer der Polizei sind bei ihrer Arbeit.

Szenische Zäsuren ergeben sich aus der Abfolge von Dialogphasen.

Dominierende Figuren werden vom Autor für einen geschlossenen Handlungsabschnitt gewissermaßen nach vorn geholt und dann wieder zurückgenommen, um der nächsten Raum zu geben:

	dominie-rende Gestalt	Dialog-partner	Neben-figuren	Akzente des Inhalts
1	Inspektor	Ober-schwester	Beamte	Ergebnis der Untersuchung des Mordes an Irene Staub durch Ernesti/Einstein; der frühere Mord an Dorothea Moser durch Beutler/Newton
2	Inspektor	Newton		Reminiszenzen an Newtons Mordtat; Newton gibt sich plötzlich als Einstein aus; Reflexionen über die

			Rolle der Techniker, welche mit Erkenntnissen umgehen „wie der Zuhälter mit der Dirne"
3	Inspektor (geht dann ab)	Frl. Doktor	Blacher; später Einstein	Gespräch über Newton und Einstein; Polizeiforderung nach sicherer Verwahrung der Irren; Frl. Doktor berichtet von Möbius; Staatsanwalt verlangt den Einsatz männlicher Pfleger
4	Frl. Doktor	Oberschwester		Anweisung auf Übernahme der ‚Villa' durch männliche Pfleger; Protest der Oberschwester
5	Frl. Doktor	Frau Rose	Kinder des Physikers Möbius; Missionar Rose	Geschichte der Möbiusschen Ehe und ihrer finanziellen Erschöpfung durch vieljährige Zahlung der Aufenthaltskosten in ‚Les Cerisiers'; Zusage, daß Möbius auch weiterhin kostenfrei verweilen darf
6	Frl. Doktor (geht dann ab)	Möbius (bleibt gegenüber Frl. Doktor hier stumm)	Frau Rose	Zusammenführen Möbius mit seinen Besuchern
7	Möbius	Frau Rose	Söhne Möbius, Missionar Rose	Begrüßung der drei Söhne, der jüngste von ihnen will zum Entsetzen seines Vaters Physiker werden; Missionar Rose wird vorgestellt; Reisepläne der Familie; Möbius steigt in einen umgekehrten Tisch und singt den ‚Psalm Salomos', der den Weltraumfahrern zu singen ist
8	Möbius	Schwester Monika	Oberschwester, Einstein, Newton	Möbius ruft den Roses Verwünschungen nach; sein gespielter Wahnsinn soll ihnen das Vergessen erleichtern; Schwester Moni-

ka will eine Aussprache; eigentlich muß sie sich verabschieden; aber sie liebt ihn und fühlt, daß Möbius nicht verrückt ist; sie glaubt an Salomos Erscheinen; Möbius gesteht, sie ebenfalls zu lieben, aber gerade das bringe sie in Gefahr; der wiedereinmal erwachte Einstein bekräftigt diese Warnung; Monika beschuldigt Möbius, nicht nur sie, sondern auch Salomo zu verraten, wenn er nicht für seine Erkenntnisse kämpfe; Möbius reagiert erregt; Monika hat nicht nur die Erlaubnis der Ärztin erwirkt, ihn zu heiraten, sondern auch seine Rückkehr in die wissenschaftliche Welt vorbereitet durch die Kontaktaufnahme mit einem namhaften Gelehrten. Möbius sieht keinen anderen Ausweg mehr, als sie zu töten. Dem hinzutretenden Newton gesteht er die Tat. Einsteins Geigenspiel liegt über dem Aktschluß.

Zweiter Akt

Bei identischer Ausgangssituation – Spurensicherung nach einem Tötungsverbrechen – bleibt das Prinzip der Figurenführung, welches den 1. Akt organisiert hat, nicht mehr aufrechterhalten. Die Dominanz einzelner Figuren in geschlossenen Handlungsphasen ist von dramatischer Gleichrangigkeit der hauptsächlichen Dialogpartner fast durchgängig – speziell aber in der großen Physikerszene – abgelöst worden.

	Dialog-partner	Neben-figuren	Akzente des Inhalts
1	Frl. Doktor, Inspektor	Beamte, Pfleger	Tötungsuntersuchung als Routinevorgang; Frl. Doktors Betroffensein; die Boxmeister-Pfleger servieren das Abendessen der Patienten

2 Möbius, Inspektor		Möbius begehrt, verhaftet zu werden; der Inspektor lehnt ab, weil man Salomos nicht habhaft werden kann; er genießt die „Ferien" der Gerechtigkeit
3 Möbius, Newton, Einstein		Newtons wahre Identität; die Beweggründe seiner Mordtat an Schwester Dorothea; sein geheimer Auftrag, Möbius zu entführen für den Geheimdienst seines Landes; Newton hatte Möbius Dissertation gelesen und als genial erkannt; Einstein kennt die Dissertation ebenfalls, auch er ist Physiker und gehört dem Geheimdienst eines „ziemlich anderen" Landes an; seine Mission gleicht der Newtons, wie auch die Tötung von Schwester Irene aus paralleler Motivsituation heraus geschah
4 Oberpfleger, Möbius, Newton, Einstein	Pfleger	Einschluß der Patienten, verbunden mit einer Art Abendappell
5 Möbius, Newton, Einstein		Möbius will im Irrenhaus bleiben, um die Folgen seiner Entdeckungen von der Menschheit fernzuhalten; Newton und Einstein wollen ihn für ihre jeweilige Seite gewinnen; ein Zweikampf soll entscheiden; Möbius hat die Manuskripte seiner Forschungsarbeit jedoch vernichtet; Erörterung der Perspektiven, die beide konkurrierende Seiten zu bieten haben; das Ergebnis: Unfreiheit in jedem Fall; Möbius zieht das Irrenhaus vor; um das Risiko zu vermeiden, welches den Untergang der Menschheit bedeuten könnte, hat er auf Familie und Karriere verzichtet.

Einstein und Newton müssen schließlich einsehen, daß auch ihnen als gescheiterten Agenten und faktischen Mördern keine andere Wahl bleibt; man trinkt auf das Gedächtnis der getöteten Schwestern und zieht sich in die eigenen Zimmer zurück.

6 Frl. Doktor, Oberpfleger, später Möbius, Einstein, Newton	Pfleger	Zunächst werden Bilder im Salon ausgetauscht; die Pfleger tragen Uniform und sind bewaffnet; die Patienten werden gerufen; ihre Pistolen und Geheimsender beschlagnahmen die Pfleger
7 Frl. Doktor, Möbius, Einstein, Newton		Frl. Doktor erklärt, auch ihr erscheine Salomo; er habe ihr befohlen, Möbius Aufzeichnungen zu stehlen; sie hat alle Manuskripte heimlich fotokopieren lassen und einen mächtigen Trust aufgebaut, um diese Erkenntnisse auszunutzen; die getöteten Schwestern handelten in ihrem Auftrag, um die Physiker zum Mord zu treiben und sie so mundtot zu machen für die Öffentlichkeit; jetzt werden sie von der Trust-Polizei in der Villa bewacht; die alte bucklige Irre schickt sich in diesem Augenblick an, im Namen König Salomos die Macht in der Welt zu übernehmen; der Verwaltungsrat ist versammelt, um ihre Befehle zu empfangen
8 Möbius, Einstein, Newton		Resignation liegt über der Szene; Möbius erkennt seinen Irrtum, Gedachtes könnte zurückgenommen werden; die Niederlage der Physiker mündet in kurze Monologe, mit denen sie gleichsam zurückkehren in ihre ursprünglich aus Tarn-

gründen gewählten Rollen als
Newton, Einstein und Salomo und
so das Stück ausklingen lassen.

Als eine Art symmetrieschaffendes Gegenstück zu der um-
fangreichen charakterisierenden Einführung in das äußere
Umfeld der Handlung ist dem Text des Stückes eine Thesenfol-
ge nachgestellt, die unter dem Titel „21 Punkte zu den Physikern" in gewisser Weise das gedankliche Beziehungsfeld der
Handlung zu umreißen sucht.
Im Kontext mit anderen Selbstzeugnissen Dürrenmatts hat
dieser Nachsatz gravierende Bedeutung auch für Analysen
gewonnen, die über den Bezug zu den „Physikern" deutlich
hinausgehen.

7. Gestalten und Charaktere

Anspielungen auf historische Persönlichkeiten

Dürrenmatts nuancenreiches Spiel mit Namen läßt Assoziatives mitschwingen.

Um das wissenschaftliche Renommée der promovierten Jungfer von Zahnd ins rechte Licht zu rücken, dichtet er ihr einen veröffentlichten Briefwechsel mit C. G. J u n g an.

Damit der Irrenhaus-Neubau von ,Les Cerisiers' des rechten Ambientes nicht ermangle, werden Glasmalereien des Zeitgenossen E r n i bemüht, welche die Kapelle zieren.

Die Pseudo-Pfleger und vormaligen Box-Champions tragen Namen mit dem Anklang an die geographische Sphäre ihres sportlichen Ruhms: Sievers war Europameister, – hier fehlt der erkennbare Bezug zu einem mit seinen Lebensdaten fixierbaren Namensspender, der deutsche Klang im Zusammenhang mit schwarzen Uniformen wirkt allzumal sinnfällig genug –, M u r i l l o Meister von Süd- und M c A r t h u r Meister von Nordamerika.

Dem westlichen Geheimagenten dient ein Physiker-Name des 17./18. Jahrhunderts zum Pseudonym: N e w t o n; seinen östlichen Kollegen tarnt einer des 19./20. Jahrhunderts: E i n s t e i n.

Für Möbius muß der jüdische König S a l o m o herhalten – ausgerechnet jene Gestalt, deren Weisheit im sprichwörtlichen ,salomonischen Urteil' verewigt worden ist, erweist sich am Ende als die wahre Zentralgewalt im Narrenhaus: Salomo als Auftraggeber der verrückten Kapitalistin mit dem Dr.-Mabuse-Habitus.

C a r l G u s t a v J u n g (1875 – 1961): Tiefenpsychologe und Begründer der Lehre von den Archetypen; gebürtiger Baseler, lebte bis zu seinem Tode in Küsnacht am Zürichsee. Jung gilt als geistiger Wegbereiter der Wassermann-Jünger und „New Age"-Apostel. Kritiker werfen seinem Lehrgebäude Irrationalität und die Öffnung für vielerlei okkulte Einflüsse vor (Zürcher ,Weltwoche': Vater der Antiaufklärung). Seine Karriere begann im Dezember des Jahres 1900 im Irrenhaus ,Burghölzli' der psychiatrischen Universitätsklinik Zürich. 1909 quittierte er

dort als Oberarzt den Dienst. Eine Phase anfänglicher Gefolgs-
treue zu dem Wiener Neurologen Sigmund Freud endete nach
rund einem halben Dutzend Jahren 1913 mit dem offenen
Bruch. Von 1923 an behandelte er in Bolling am Zürichsee eine
begüterte Klientel, die vor allem aus Übersee zu ihm reiste.
Dem Nationalsozialismus stand Jung mit offenbarer Sympathie gegenüber, von der er sich später distanzierte. Seine Lehren erfahren in den achtziger Jahren eine auffällige Wieder-
beachtung; ihre Glaubensgemeinschaft wächst zahlenmäßig
erstaunlich an und besitzt Attraktivität auch für Ernstzuneh-
mende.[34)]

H a n s E r n i (geb. 1909): Schweizer Maler, Grafiker und Plakat-
gestalter; von ihm stammen bekannte Wandbilder, die vor allem
den schöpferisch tätigen Menschen zum Gegenstand haben.
Ernis Name ist eng verbunden mit dem Wiederaufleben der
Glasmalerei in der ersten Hälfte des zwanzigsten Jahrhunderts, wo Bedeutendes auf diesem Gebiete entstand, hervor-
gehend aus der Verbindung traditionsreicher Techniken mit
neuen Inhalten.
Schweizerische Amts- und Bürgerhäuser wurden in der Re-
naissance mit kleinen Glasbildern geschmückt. Man übte diese bürgerliche Kabinettmalerei bis ins 17. Jahrhundert aus und
ahmte sie auch in Deutschland nach. Versuche, sie wieder zu
größerer Bedeutung zu führen, setzten bereits Ausgang des
neunzehnten Jahrhunderts ein.

B a r t o l o m é E s t e b a n M u r i l l o (1618 – 1682): der nach Ve-
lasquez bedeutendste Maler des 17. Jahrhunderts schuf reli-

---

34) „Nicht wenige Wissenschaftler, etwa Informatiker, die in ihren Computersyste-
men Vorbilder für ein ganzheitliches Weltbild sehen, aber auch Physiker wie
Fritjof Capra gehören zu den eifrigsten Aposteln der Wassermann-Lehre, kein
Wunder: ‚Der Okkultismus wird immer wissenschaftlicher, die Physik wird im-
mer okkulter‘, hatte schon Arthur Koestler geschrieben.
Richtig ist, daß etwa die Atomphysiker ihre altvertrauten mechanistischen
Denkgewohnheiten längst ablegen mußten. Im wimmelnden Flohzirkus der
Elementarteilchen, die bei der immer weiter fortgesetzten Atomspaltung entstehen, lassen sich einzelne Partikel nur noch im Rahmen eines umfassenden
– vernetzten! – Beziehungssystems definieren.
Doch derlei, erklärt New-Age-Kritiker Claudio Hofmann, studierter Mathematiker und Physiker, beweise noch lange nicht die Existenz einer neuen ‚holisti-
schen Spiritualität‘; eine ‚ganzheitlich-ökologische Systemschau, in der sich
der menschliche Geist endlich mit Gott und der Materie versöhnt habe, gebe
es bislang nirgendwo. Wer den Sirenenklängen der Ganzheits-Apostel folge,
laufe einer ‚Fata Morgana vernetzter Oasen‘ nach . . .‟
(Aus „Neue Hochzeit mit einem Propheten‟, Der Spiegel, 5/1987, S. 188)

giöse Darstellungen, Sittenbilder und Bildnisse: „Die barocke himmelfahrende Madonna wird seine Spezialität, und nur das ist spanisch, daß er sie mit kühlen Farben, Unschuldsfarben, blau und weiß malt und der Menge entrückt, ekstatisch ergriffen."[35)]

Douglas Mac Arthur (1880 – 1964): amerikanischer General, Befehlshaber der US-Streitkräfte im Fernen Osten von 1941 – 1945; von 1945 – 50 in Japan. Er befehligte 1950/51 die amerikanischen Truppen im Koreakrieg. Zum Zeitpunkt der nuklearen Bombardierung gehörten Hiroshima und Nagasaki zu Mac Arthurs militärischem Interessenbereich. Die Bombardierung selbst war in letzter Konsequenz eine Entscheidung der Politiker.[36)]

Sir Isaac Newton (1643 – 1727): englischer Physiker, Mathematiker und Astronom, Begründer der klassischen Theorie der Physik; von 1703 an ununterbrochen Präsident der Royal Society; Forschungstätigkeit auf den Gebieten der Mechanik, Optik und Mathematik. Newton schuf die theoretische Mechanik und damit die theoretische Physik überhaupt. Er führte in Synthese zusammen die Experimentalphysik Galileis, die kinematischen und dynamischen Begriffsbildungen von Galilei und Huygens sowie Keplers Bewegungsgesetze der Planeten. Seine ‚Naturphilosophie‘ formulierte die allgemeinen Bewegungsgesetze der Materie. Er entdeckte die universelle Gravitation als Grundlage der Himmelsmechanik, die Spektralzerle-

---

35) Richard Hamann, Geschichte der Kunst, S. 636
36) „Zu diesem Zeitpunkt wurde die erste Atomwaffe vorbereitet. Sie kam genau in dem Moment, als man nach einem Mittel suchte, um die japanische Regierung davon zu überzeugen, daß Japan den Krieg bereits verloren habe. Die kleine Gruppe von Wissenschaftlern und Politikern, die von der Bombe wußten, erörterte, wie man sie am besten zu diesem Zweck einsetzen könnte. Einige waren dafür, mit ihrem Einsatz zu drohen, andere für eine öffentliche Zündung der Bombe auf einer unbewohnten Insel. Beide Auffassungen konnten sich nicht durchsetzen, die letztere deshalb nicht, weil diese Bombe möglicherweise nicht losginge und die Moral der Japaner infolgedessen Auftrieb erhielte. Der vernünftigste Vorschlag, die Bombe auf unbesiedeltes Waldgebiet in Japan abzuwerfen, wurde gar nicht ernsthaft in Betracht gezogen. Obwohl das Argument vorgetragen wurde, die Vereinigten Staaten würden jeden moralischen Anspruch auf die Forderung nach einer internationalen Kontrolle über die Atomenergie verlieren, wenn sie die Bombe einsetzten, entschied man sich dafür, die Bombe auf eine unversehrte japanische Stadt abzuwerfen, um für den Fall, daß sie explodierte, die außer jedem Zweifel stehende Macht der Vereinigten Staaten zu demonstrieren, und für den Fall, daß sie nicht explodierte, Prestigeverlust zu vermeiden." – R. A. C. Parker, Das Zwanzigste Jahrhundert I, 1918 – 1945, S. 349 (Fischers Weltgeschichte, Bd. 34)

gung des Lichts (Dispersion) und konstruierte 1671 das erste Spiegelteleskop; auch wurde er zum Schöpfer der Infinitesimalrechnung.

Als Fortsetzer Galileis entwickelte Newton die Methodologie der physikalischen Forschung vom Grundsätzlichen her. Sein Werk wurde eines der tragenden Elemente des Weltbildes der Aufklärung.

Albert Einstein (1879 – 1955): Sohn eines jüdischen Ulmer Kaufmannes, 1933 Emigration in die USA, Physiker, Schöpfer der Relativitätstheorie, Humanist und Philosoph; 1905 ‚Spezielle Relativitätstheorie', im gleichen Jahr Erklärung des ‚lichtelektrischen Effekts'. Im Frühjahr 1919 siedelte Einstein von Zürich nach Berlin über, wo er die ‚Allgemeine Relativitätstheorie' und die ‚Gravitationstheorie' fertigstellte, die beide eine grundlegend neue Auffassung von Raum, Zeit und Gravitation bedeuteten und damit Newtons Gebäude der Physik endgültig ablösten. 1921 erhielt Einstein für seinen Beitrag zur Theorie des Lichts den Nobelpreis. In der Emigration lehrte und forschte er als Professor am Institute for Advanced Studies in Princeton. Politisch stand Einstein schon in jungen Jahren im linken Feld des Spektrums („Gefühlssozialist"). Nach 1945 trat er wiederholt gegen die drohende Massenvernichtung durch einen Kernwaffenkrieg auf. Mit der Religion verband Einstein die sittliche Begründung menschlichen Denkens und Tuns, und er sah insofern keinen Gegensatz zu den Naturwissenschaften. Sein Gottesbekenntnis lehnte sich an den Pantheismus Spinozas an. Er glaubte an einen Gott, der mit der erkennbaren gesetzmäßigen Ordnung der Welt gleichzusetzen ist („Harmonie des Seienden").

König Salomo: vom hebr. ‚Schelomoh': Friedensmann, herrschte in Israel um 970 – 930 v. Chr.; Sohn König Davids und der Bathseba; Salomos Klugheit und dichterische Fähigkeiten machten auf seine Zeitgenossen bedeutenden Eindruck. Sie wurden später sagenhaft vergrößert, so daß ihm eine ganze Reihe von Schriften zugeschrieben wurde, die unzweifelhaft nach seinen Lebzeiten entstanden sind (Hohes Lied, Prediger, Sprüche Salomonis, ferner die apokryphen Bücher der ‚Weisheit Salomos', der ‚Psalmen Salomos' und der ‚Oden Salomos').

Die Irrenhaus-Unternehmerin

Als „Irrenärztin" firmiert Dr. h. c. Dr. med. Mathilde von Zahnd im Personenverzeichnis. Adjektivierung hätte hier schon die Pointe vorweggenommen, daß eine irre Ärztin in ‚Les Cerisiers' regiert.

Der Zuschauer, dies noch nicht ahnend, lernt eine fünfundfünfzigjährige Person im weißen Kittel kennen, die mit der bärbeißigen Tüchtigkeit altgedienter Landärzte ihr Metier augenscheinlich beherrscht.

Als letzter Sproß einer „mächtigen autochthonen (ureingesessenen) Familie" (S. 12) steht die ältliche Jungfer in der Traditionslinie literarischer Dekadenzfiguren. Der Vater, Wirtschaftsführer Geheimrat August von Zahnd, war ein Misantroph von gewaltigem Zuschnitt, der vor allem die eigene Tochter, seine einzige Leibesfrucht, mit Ausdauer haßte. Ein Onkel, der Politiker Joachim von Zahnd, brachte es bis zum Kanzler. Ihres Großvaters Ruhm gründete vorzugsweise auf einem verlorenen Krieg, den der Generalfeldmarschall Leonidas von Zahnd zu führen hatte. Zwei ihrer noch lebenden Verwandten – potentielle Erblasser nach allen Erfahrungen – werden zum Zeitpunkt der Geschehnisse gerade im Sanatorium behandelt. So bedarf Tante Senta einer Verdoppelung ihrer Medikamentenration, um sie ruhig zu stellen, und Vetter Ulrich muß ein Irrenhausbett hüten.

Es wirkt nur allzu verständlich, wenn Mathilde von Zahnd bekundet: „Meine Familie ist so alt, daß es beinahe einem kleinen medizinischen Wunder gleichkommt, wenn ich relativ für normal gelten darf, ich meine, was meinen Geisteszustand betrifft." (S. 27)

Wo freilich Thomas Mann ein Stirnäderchen zierlich pulsen läßt, wie bei Gabriele Klöterjahn in der Tristan-Novelle, um Dekadentem zur Anschauung zu verhelfen, bürdet Dürrenmatt seiner Figur einen ansehnlichen Buckel auf.

Was das Geschäftliche angeht, haben sich die Prinzipien des Hauses als überaus erfolgreich erwiesen. „...vertrottelte Aristokraten, arteriosklerotische Politiker ... debile Millionäre, schizophrene Schriftsteller, manisch-depressive Großindustrielle ... die ganze geistig verwirrte Elite des halben Abendlandes" (S. 12) bilden seine wohlsituierte Patientenschaft, der

auch die horrenden Preise des Instituts keinerlei Schwellen-
angst zu bereiten vermögen.

So ergab es sich, daß der „Villa", dem ehemaligen von Zahndschen Sommersitz, ein eleganter, lichter Neubau an die Seite
gestellt werden konnte. Nicht nur als Unternehmerin erfreut
sich Mathilde von Zahnd einigen Ansehens. Man kennt sie
auch in der Welt der Fachwissenschaft „als Menschenfreund
und Psychiater von Ruf, man darf ruhig behaupten: Von Welt-
ruf". (S. 12) Die Edition ihres Briefwechsels mit C. G. Jung be-
legt dies auf eindrucksvolle Weise.

Dürrenmatt entwirft im ersten Akt ein Charakterbild, das aus-
schließlich Zutaten einer heilen Welt zu verarbeiten scheint: die
tüchtige Kauffrau, die angesehene Ärztin und namhafte Wis-
senschaftlerin, deren Gutachten beim Staatsanwalt Hochach-
tung erfahren, der Mensch mit dem herzlich-bärbeißigen Ge-
habe und seinem sympathieheischenden Leibschaden, die
verständnisvolle und anpassungsfähige Gesprächspartnerin,
der sozialer Hochmut fremd scheint und Mildtätigkeit vertraut –
in Kleinigkeiten fügt sich die Chefärztin der Oberschwester,
und Möbius soll sein Domizil behalten, auch ohne Honorar.

Dennoch mischen sich auch hier schon leise Anklänge ins
Spiel, die wie Fremdkörper wirken. „Für wen sich meine Patienten halten, bestimme ich" (S. 24), heißt es da unvermittelt. Inspektor Voß wird – für das Publikum offenkundig – manipuliert,
bis er es für nahezu wahrscheinlich erachtet, Radioaktivität
könnte die Hirne der beiden Schwestern-Mörder krankhaft
verändert haben.

Dann aber macht die Freundlichkeit der Ärztin gegenüber den
Roses diese Auffälligkeiten rasch vergessen.

Zu Beginn des zweiten Aktes tritt eine völlig veränderte Mathilde von Zahnd vor das Publikum. Der dritte Schwestern-Mord
hat sie um alle Bärbeißigkeit gebracht. Sie wirkt „düster, in sich
versunken" (S. 51). Um ihren medizinischen Ruf scheint sie zu
fürchten: „Ich kann abdanken" (S. 53). Erneut kommt es zu einer verwirrenden Situation, als Möbius den Salon betritt und
sich auf Salomos Befehl für seine Tat beruft. Die Ärztin wird
bleich und muß sich schwerfällig wieder niedersetzen.

Für einen verräterischen Augenblick hat sie sich nicht unter
Kontrolle: „Seine Majestät ordnete den Mord an" (S. 55). Gegenüber Voß gebraucht sie dann die Ausrede von den „Ner-

ven" (S. 55). Schließlich werden sich diese vermeintlichen Abweichungen vom Charakterbild als seine eigentliche Substanz erkennen lassen, die für Augenblicke der Selbstentlarvung sichtbar geworden ist.

Im Anschluß an die breitangelegte Physiker-Szene offenbart sich Mathilde von Zahnd. Zynisch spottet sie über das von ihr ins Werk gesetzte Sterben der drei Krankenschwestern, so etwas wie „Heldentode" hätte „in diesem Hause ja nun stattgefunden" (S. 72). Solange sie sich damit begnügt, hart, fordernd, fast militärischen Tones, ihre Kenntnis von der wahren Identität Newtons und Einsteins für das Ordnen der Situation in ihrem Sinne zu benutzen, wirkt die Szene trotz der überraschenden Wendung noch in sich stimmig: erst wenn die Ärztin anhebt, in feierlichen, schwülstigen Bildern von Salomos Erscheinen zu berichten, wirkt die Verblüffung ihrer Dialogpartner geradezu lähmend. Nach einigen Augenblicken löst die Erkenntnis, es mit einer Geisteskranken zu tun zu haben, den erlittenen Schock auf. Die Szene kulminiert in dem triumphierenden Fazit: „Die Rechnung ist aufgegangen. Nicht zu Gunsten der Welt, aber zu Gunsten einer alten buckligen Jungfrau." (S. 77) Von der Figuren-Pointe her gewinnt die Irrenhaus-Unternehmerin ironische Züge. So hat sie sich verbal unter die „hoffnungslos romantischen Philanthropen" (S. 23) eingereiht und rhetorisch den Fall gesetzt „ebensogut könnten Sie oder i c h (unsere Sperrung) Krankenschwestern erdrosseln" (S. 26). Beide Aussagen enthalten doppelbödige Wahrheiten: Mathilde von Zahnds romantische Philantropie lebt sich in der gläubigen Nachfolgeschaft zu Salomo aus; in seinem Namen soll die „heilige Weltherrschaft" (S. 75) errichtet werden, und die Krankenschwestern sind im Sinne des Wortes i h r e Opfer. Ironisch zu deuten, ist auch ihr resignativ wirkender Satz „Ich kann abdanken" (S. 53). Er fällt in dem Augenblick, da der dritte Mord Handlungsbedarf ausgelöst hat. Salomos Machtübernahme duldet keinen Aufschub mehr.

Auch die überhöhenden Selbstbekundungen der endlich als verrückt Erkannten zeigen noch ironisches Gebrochensein im haarscharfen Nebeneinander von schwärmerischer Narretei – „. . . so suchte er (Salomo) mich auf, seine unwürdige Dienerin" (S. 75) – und eiskaltem Vorausplanen – „Ihr waret bestimmbar wie Automaten und habt getötet wie Henker." (S. 76)

Mit Oskar Keller werten wir die Enthüllungen der irren Irren-Ärztin als „. . . das Auskosten eines persönlichen Triumphs. Wie sie die drei Physiker in totaler Weise beherrschte trotz deren Wissen, wie sie sie durch ihre medizinisch-psychotherapeutischen Kenntnisse manipulierte, diese Enthüllungen zeigen sie nicht mehr als Menschenfreund, sondern als brutale und skrupellose Machtbesessene. Sie, der letzte Sproß einer mächtigen, autochthonen Familie mit einem hoffnungslosen Minderwertigkeitskomplex ihren Vorfahren gegenüber, sie nutzte die Chance, die ihr der Zufall mit Möbius in die Hand spielte, um die totale Macht auszuüben, wie sie keiner ihrer Vorfahren je besaß. ,Unfruchtbar, nur zur Nächstenliebe geeignet. Da erbarmte sich Salomo meiner. . . Nun werde ich mächtiger sein als meine Väter. Mein Trust wird herrschen, die Länder, die Kontinente erobern, das Sonnensystem ausbeuten, nach dem Andromedanebel fahren.'"37)

Die Patienten

Die Bewohnerschaft der „Villa" ist von der irren Ärztin „sortiert" worden: „. . . und die Physiker zu den Physikern" (S. 28). Wenn die Oberschwester später gegen die Wegnahme ihrer drei „interessantesten Fälle" (S. 29) protestiert, spielt sie damit auf auf eine Figuren-Konstellation, die sich fiktiv-formelhaft fassen läßt: 2 Geheimdienstler + 1 Idealist = 3 Physiker. Wie jede Vereinfachung hat auch diese ihre Fragwürdigkeiten. Sie beginnen bereits damit, daß Dürrenmatt sein Lesepublikum bewußt irreführt: „Im Salon . . . halten sich meistens drei Patienten auf . . . harmlose, liebenswerte Irre, lenkbar, leicht zu behandeln und anspruchslos." (S. 13).

Als ersten lernen wir kennen den mit Falschnamen Herbert Georg Beutler aufgenommenen Irren, der sich für Sir Isaak *Newton* hält und im Gewand des frühen achtzehnten Jahrhunderts auftritt, in Wirklichkeit aber Alec Jasper Kilton heißt, als Begründer der Entsprechungslehre einen Ruf in der wissenschaftlichen Welt besitzt und keineswegs nervenkrank ist. Höflichen Tones erkundigt er sich bei Inspektor Voß nach dem Hergang des Mordes an Irene Straub und beginnt sogleich den Tatort aufzuräumen. Seine eigene Mordtat liegt Monate zurück.

---

37) Oskar Keller, Friedrich Dürrenmatt. Die Physiker, S. 32 f.

Als zusätzliche Verwirr-Variante, die später eigentlich keine Rolle mehr spielt, gibt Beutler/Newton/Kilton vor, e r wäre in Wirklichkeit Einstein und nicht der Kranke, den man nebenan die Fiedel kratzen hört.

In der Physiker-Szene demaskiert er sich. Seine Mission besteht darin, Möbius Verrücktheit auf die Spur zu kommen. Dafür mußte er unter großen Mühen ein tadelloses Deutsch erlernen. Als Schwester Dorothea seine Mission in Frage stellte, gab es nur noch einen Ausweg: „Ich mußte sie töten, wollte ich jeden Verdacht vermeiden, . . . es galt, meinen Wahnsinn durch einen Mord endgültig zu beweisen." (S. 59)

Das Credo des Physiker-Agenten weist ihn in seiner sprachlichen Zuspitzung und Vordergründigkeit deutlich – fast allzudeutlich – als Demonstrationsfigur Dürrenmattscher Konstruktion aus: „Es geht um die Freiheit unserer Wissenschaft und um nichts weiter. Wer diese Freiheit garantiert, ist gleichgültig. Ich diene jedem System, läßt mich das System in Ruhe. Ich weiß, man spricht heute von der Verantwortung der Physiker. Wir haben es auf einmal mit der Furcht zu tun und werden moralisch. Das ist Unsinn. Wir haben Pionierarbeit zu leisten und nichts außerdem. Ob die Menschheit den Weg zu gehen versteht, den wir ihr bahnen, ist ihre Sache, nicht die unsrige." (S. 65)

Newton will Möbius für die von ihm vertretene Seite gewinnen und ihn mit sich nehmen in ein – nach Lage der Dinge – westliches Land. Binnen eines Jahres stellt er den Nobelpreis in Aussicht. Er verspricht ideale Besoldung und Unterkunft, vergißt aber fairerweise nicht hinzuzufügen, „die Gegend (sei) mörderisch, aber die Klimaanlagen ausgezeichnet." (S. 67)[38]

---

38) „Die USA haben bis 1962 oberirdisch getestet, auf dem Bikini-Atoll im Pazifik und in der Wüste von Nevada, alles in allem etwa 100 Versuche. Es hat unterirdische Tests gegeben in Colorado, in New Mexico und Mississippi. Aber der Löwenanteil, 654 plus eine unbekannte Anzahl öffentlich nicht bekanntgegebener Versuche, fand in Nevadas dürrer Felsenlandschaft statt, 100 Kilometer nördlich von Las Vegas. ‚Mercury' heißt die Werkssiedlung am Eingang zum Testgelände, ein Schlafplatz für 1000 Arbeiter mit dem Charme eines Straflagers. Die großen Waffen-Laboratorien wie Livermore und Los Alamos haben hier ihre Baracken, in denen die Wissenschaftler übernachten, wenn ihre neuesten Kreationen . . . ausprobiert werden. Das eigentliche Testgebiet ist ein bergiges Wüstenareal von dreianhalbtausend Quadratkilometern, eingebettet in zweimal soviel Ödland, das zur Nellis Air Force Range gehört, einem Versuchsgelände der US-Luftwaffe in Nevada." – Stern, Nr. 36/1986, S. 17 – Wibke Bruns: Wenn der Wüstenboden bebt. Über die amerikanischen Atomwaffentests in Nevada.

Persönlicher Mut ist Newton nicht abzusprechen; einen blutigen Zweikampf mit Einstein scheut er keinen Augenblick. Gesunde Skepsis paart sich mit der Fähigkeit zur Situationsanalyse: „Wirklich? Wir beide halten wohl mehr uns in Schach." (S. 66)

Gelegentlich blitzt Sarkasmus auf: „Um den größten Physiker aller Zeiten in die Gemeinschaft der Physiker zurückzuführen, ist mir jeder Generalstab heilig." (S. 65)

Sein Trinkspruch auf das Andenken Dorothea Mosers in der sakral stilisierten Gedenkphase der Physiker-Szene wirkt vor diesem Hintergrund befremdlich in seinem schwülstigen Pathos.

Newtons Konkurrent ist der Mörder vom Tage, der erste Mörder, um genau zu sein. Als Ernst Heinrich Ernesti steht er in der Patientenliste. Albert *Einstein* zu sein, gibt er vor, und Joseph Eisler lautet sein wirklicher, in Physikerkreisen nicht unbekannter Name. Immerhin hat er den Eisler-Effekt entdeckt, bevor er 1950 scheinbar verschollen ist. Einsteins erster Auftritt erinnert ein wenig daran, wie Thomas Mann die gebärgeschädigte Pastorin Höhlenrauch in der ‚Tristan'-Novelle durch den Musiksalon von ‚Einfried' tappen läßt, kaum bei Sinnen, für den Handlungsfortgang ohne Bedeutung, aber nicht ohne dramatischen Effekt. Das nächstemal erscheint er einige Zeit bevor Möbius die Schwester Monika tötet, eindeutig in Menetekel-Funktion. Die Schilderung seiner Tat an Irene Straub zeigt sich wenig später als Vorausverweisung auf Schwester Monikas Ende. In der Physiker-Szene lüftet auch Einstein sein Geheimnis. Er verfolgt die nämlichen Ziele wie Newton, freilich im Auftrage „eines ziemlich anderen" (S. 61) Geheimdienstes, der unzweifelhaft östlicher Prägung ist in einem Lande mit Ein-Parteien-Herrschaft, dessen Physiker „in riesigen staatlichen Laboratorien" (S. 64) forschen. Irene Straub mußte aus den gleichen Gründen sterben wie Newtons Opfer. Auch Einstein fehlt persönlicher Mut nicht. Sein Credo, in der Physiker-Szene gegen dasjenige Newtons gestellt, bringt Ideologisches zu Gehör: „Wir haben Pionierarbeit zu leisten. Das ist auch meine Meinung. Doch dürfen wir die Verantwortung nicht ausklammern. Wir liefern der Menschheit gewaltige Machtmittel. Das gibt uns das Recht, Bedingungen zu stellen. Wir müssen Machtpolitiker werden, weil wir Physiker sind. Wir müssen entscheiden, zu wessen Gunsten wir unsere Wissenschaft anwenden, und ich habe mich entschieden." (S. 65)

Es geht hier keineswegs um ein Wider-den-Stachel-Löcken. Machtpolitiker zu sein, heißt für den kommunistischen Physiker-Agenten Eisler, der Macht der Partei zu dienen.

Einstein vertieft sein Bekenntnis später: „Meine Machtpolitik besteht gerade darin, daß ich zu Gunsten einer Partei auf meine Macht verzichtet habe." (S. 68)

Dürrenmatt zitiert mit dieser Handlungsphase den vom Marxismus aufgenommenen Satz des Philosophen Hegel: „Freiheit ist Einsicht in die Notwendigkeit."[39)]

Weder die ideologieferne Nichtgebundenheit Newtons, noch die ideologisch fundierte Machtbindung Einsteins vermögen eine überzeugende Alternative zum Irrenhaus zu formulieren. Schließlich bleibt Einstein aus Einsicht: „Ich bin ein anständiger Mensch. Ich bleibe." (S. 71)

Sein Gedenkspruch auf die tote Schwester Irene Straub fügt sich glaubhaft zum Stil der Figur: „Ich mußte dich opfern. Dich zu loben und deine Hingabe zu preisen, will ich vernünftig handeln." (S. 71)

Von einem kritischen Ansatz her gelangt Manfred Durzak zu folgender summierenden Wertung für die Geheimagenten: „Ist es lediglich das Versteckspiel, das der Autor mit den Zuschauern treibt und auf der Bühne die beiden Mörder Newton und Einstein mit dem Inspektor, der ihnen ihre Verrücktheit abnimmt? Freilich läßt sich nicht verleugnen, daß Dürrenmatt am Beispiel der skrupellosen Entschlossenheit, mit der Newton und Einstein einen Mord ausführen, die moralische Korruption der Wissenschaft verdeutlicht... Sie haben sich im buchstäblichen Sinne an die politische Macht verkauft, indem sie dem Geheimdienst beigetreten sind... Die Korruption, die sie damit

---

39) „Der Marxismus hat sich bekanntlich diesen berühmten Satz Hegels zu eigen gemacht. Wenn die Lehre, die heute von Amts wegen in den sozialistischen Ländern als Marxismus ausgegeben wird, tatsächlich diese Bezeichnung verdienen sollte, so hieße dies, daß der von Lenin bis Ulbricht und Breschnew weiter entwickelte ‚moderne' Marxismus in Theorie und Praxis einen Gebrauch von diesem Satz gemacht hat, an den wohl selbst der staatstreue Preußen-Hegel nicht im Traume gedacht hat. Denn nach der im Staats-Marxismus vollzogenen Metamorphose präsentiert sich der Hegelsche Satz etwa in folgender Form: Freiheit (des Staates) erfordert Einsicht in die Notwendigkeit der Unfreiheit (des Individuums)." – Robert Havemann, Freiheit als Notwendigkeit, in: Die Sowjetunion, Solschenizyn und die westliche Linke, S. 16

eingeleitet haben, findet ihren Ausdruck in der Zersetzung aller moralischen Wertmaßstäbe. Die Konsequenz sind die Morde, die sie begehen."[40]

Der dritte der Physiker, Johann Wilhelm *Möbius*, ist die Zentralgestalt des Spiels. Er vereinigt allerlei charakterisierende Epitheta auf sich: „mein liebes Johann Wilhelmlein" (S. 34) heißt ihn seine frühere Gemahlin; „unser braver Möbius" oder auch den „guten Möbius" (S. 33) nennt ihn die von Zahnd. Für Schwester Monika bleibt's bei „mein Geliebter" (S. 45), der ihr für „auserwählt" gilt. (S. 47). Man hört, Professor Scherbert erinnere sich an ihn als „seinen besten Schüler" (S. 47) und „einen tollen Spaßvogel" (S. 47). Inspektor Voß bleibt beharrlich bei „mein lieber Möbius" (S. 56), während Newton vom „genialsten Physiker der Gegenwart" (S. 60) und Einstein sogar „vom wichtigsten Mann der Welt" (S. 66) sprechen.

Tritt man diesem Leben näher, offenbart sich eine höchst seltsame Daseinsperspektive: Sie ist dem Pathos der weltgeschichtlichen Dimension verpflichtet, hat aber für subjektive soziale Bindungen keinerlei Raum.

Möbius stammt aus der sozialen Unterschicht. Als fünfzehnjähriger Gymnasiast nimmt ihn die fünf Jahre ältere Tochter seines Hauswirtes unter ihre Fittiche. Sie ermöglicht dem bitterarmen Waisen mit nimmermüdem Fleiß Abitur, Physikstudium und Promotion. Im Grunde sind dieser Frau all die weltgefährdenden Entdeckungen und Erkenntnisse des ihr mit zwanzig Jahren angetrauten Genies zu verdanken. Drei jeweils im Jahresabstand geborene Buben weisen Möbius wenigstens in physiologischer Hinsicht als lebenstauglich aus. Den Lebensrealitäten gegenüber bleibt er ein Versager.

Die vergleichsweise komfortable Emigration ins nichtstaatliche Irrenhaus wird neben dem Unterhalt der Möbiusscher Zeugungskraft zu verdankenden Sprößlinge durch die überstrapazierte Arbeitskraft seiner Frau finanziert. Das Genie denkt, aber es verdient nicht, obwohl sein Status als Privatpatient von eben diesem wirtschaftlichen Vorgang getragen wird. Manfred Durzak merkt in diesem Zusammenhang an: „Er hat seine Frau und später seine Familie im Dienste seiner wissenschaftlichen Ausbildung verschlissen, als Werkzeuge für sich

40) Manfred Durzak, Dürrenmatt. Frisch. Weiss. S. 120 f.

eingesetzt und also im konkreten Einzelfall moralisch versagt, während er im Großen moralische Entscheidungen postuliert. Die moralische Konfrontation, die Möbius später zu dem Entschluß brachte, seine Erkenntnisse nicht in den Dienst der Realität zu stellen, sondern im Irrenhaus ein eigenes Leben zu führen, wird widerlegt, da der gesamte vorbereitende Weg, der zu seinen Erkenntnissen führte, ihn in seiner Abhängigkeit von der Realität, nämlich seiner Familie, zeigt. Also nicht nur Newton und Einstein spielen im ersten Akt im übertragenen Sinn Komödie und täuschen eine Identität vor. Das gilt auch für Möbius, der eine moralische Integrität seiner Person vorspielt, die von der Geschichte seiner Entwicklung her widerlegt wird."[41]

Die absurde Pointe des ersten Aktes denunziert Möbius noch wesentlich gravierender als sein soziales Versagen. Der dritte Mord geschieht, damit Möbiussche Erkenntnisse im Irrenhaus verwahrt bleiben. Im Klartext: Wissenschaftliche Erkenntnisse werden auf einen Ort der Sinnlosigkeit reduziert, wie er im ,Psalm Salomos' bildhaft erscheint – „Abgetrieben trieben wir in Tiefen hinaus/Einigen weißen Sternen zu/Die wir gleichwohl nie erreichten . . ." (S. 38)

Damit dieses Denken um des Denkens willen, damit diese Existenzform äußerster Fruchtlosigkeit andauere, opfert Möbius das blühende Leben einer jungen Frau, die ihn liebt und die kraft ihrer Liebe seine Maskerade durchschaut. Später wird Möbius als tragendes Motiv seiner Tat erklären, Monika Stettler habe nicht begriffen, „daß es heute die Pflicht eines Genies ist, verkannt zu bleiben . . ." (S. 70).

Ein Genie, das so sehr an sich selber leidet, das sich als hochgradig menschheitsgefährdend empfindet wie Möbius, das so unter der Last zugewachsener Verantwortung ächzt, müßte doch eigentlich ernsthaften „Selbstabschaffungsplänen" (Thomas Mann) näher stehen, als kaltblütigem Mord. Bei gleichem Sicherheitseffekt für die Menschheit, hätte Schwester Monika am Leben bleiben können.

Während Brechts Galilei-Gestalt durch die heimliche Arbeit am Manuskript der ,Discorsi' mit einer tragfähigen Perspektive ausgestattet bleibt – auch nach der moralischen Niederlage des Widerrufs – vermag man beim besten Willen nicht zu er-

---

41) ebenda, S. 122

kennen, was Dürrenmatts Möbius anderes produziert als Ergebnisse aus fünfzehnjähriger Arbeit, weil es keine Perspektive gibt, doch gleich einer emsigen weißen Maus im Tretrad forscht er weiter.

Newton und Einstein mordeten im Namen ihrer Missionen. Möbius im Namen der Hoffnungslosigkeit. Um eines Verbrechens an der Menschheit nicht schuldig zu werden, ist er ins Irrenhaus unter die Narrenkappe geschlüpft. In Gefahr, dieses Schutzes verlustig zu gehen, wird er eines Verbrechens an einem Menschen schuldig. Möbius ist ein unmoralischer Idealist. Seine vorgebliche Geisteskrankheit definiert sich über die Inanspruchnahme einer Symbolfigur für menschliche Weisheit, des Königs Salomo. Im Gegensatz zu Newton und Einstein führt Möbius nicht a priori eine Doppelexistenz. Er bleibt Möbius, und ihm erscheint Salomo; freilich wandelt sich dessen Erscheinung. Ursprünglich der „große goldene König" (S. 37), hat er „seinen Purpurmantel von sich geworfen" und kauert „nackt und stinkend" in des Physikers Zimmer „als der arme König der Wahrheit" (S. 37).

Einstein und Newton berufen sich angesichts ihrer Mordtaten auf den Befehlsnotstand; beider Rechtfertigungsformel lautet übereinstimmend „Befehl ist Befehl" (S. 59 bzw. 61). Ihre jeweiligen Geheimdienste konnten ja auch dank Anstaltsgrenzen überwindender Geheimsender kontaktiert werden.

Möbius beruft sich auf den Befehl des Königs Salomo: „Ich stand am Fenster und blickte in den dunklen Abend. Da schwebte der König vom Park her über die Terrasse ganz nahe an mich heran und flüsterte mir durch die Scheibe den Befehl zu". (S. 55)

Wenn die Weltherrschaftspläne der irren Ärztin sich offenbart haben und das Vergebliche im Entschluß der Physiker zutage getreten ist – die Geschichte also ihre schlimmst mögliche Wendung genommen hat – kehren die gescheiterten Geheimdienstler in ihre vorherigen Pseudo-Identitäten zurück als Newton und Einstein.

Nicht so der gescheiterte Retter der Menschheit Möbius. Er gewinnt eine andere Identität: „. . . ich bin der arme König Salomo". In der Annahme der Salomo-Identität liegt zeichenhaftes Auf-Sich-Nehmen von Schuld gegenüber der Menschheit wie gegenüber dem ermordeten Menschen Monika Stettler: das

53

Bindeglied zwischen beiden Schulddimensionen heißt Vergeblichkeit: „Möbius übernimmt die Verantwortung – aber er bewirkt nichts. Der Weltlauf geht an ihm und den anderen Physikern vorbei; die Welt hat den einzelnen unbedeutend gemacht, und wenn er ‚nein‘ sagt, so kümmert sie sich nicht mehr darum . . . Das Spiel der Physiker im Irrenhaus entlarvt sich so vom Ende her als Farce: sie agieren so, als hätten sie noch die Möglichkeit, als einzelne Verantwortung zu tragen, als hätten sie noch die Möglichkeit, als einzelne am Amoklauf der Welt irgend etwas zu ändern. Sie spielen im buchstäblichen Sinn Theater vor einer Wirklichkeit, die sich um sie gar nicht mehr kümmert.

Ihre Maske als Irre war schon Wirklichkeit, als sie noch glaubten, Theater zu spielen." [42]

Das Personal

Drei Krankenschwestern – Dorothea Moser, Irene Straub und Monika Stettler – hatten ursprünglich die Physiker zu betreuen. Ihre unmittelbare Vorgesetzte, Oberschwester Martha Boll, muß erleben, daß ihre Untergebenschaft dahinschwindet und dann auch noch, daß man ihre „interessantesten Fälle" (S. 29) der Obhut von Oberpfleger Sievers und seinen Helfern Mc Arthur und Murillo unterstellt. Dorothea M o s e r, ehedem Mitglied eines Damenringvereins und Newton zugeordnet wie zugetan, ist schon drei Monate vor dem Zeitpunkt der Handlung, am 12. August, mit einer Vorhangkordel erdrosselt worden. Als erfahrene Fachkraft hielt sie den Geheimdienstler „nicht mehr für verrückt" (S. 59). Ihr Tod beseitigte für Newton die unmittelbare Gefahr, entlarvt zu werden und war außerdem geeignet, seinen „Wahnsinn durch einen Mord endgültig zu beweisen" (S. 59). Versonnen erinnert er sich im Gespräch mit Inspektor Voß ihrer strohblonden Leiblichkeit, die so biegsam war, „trotz ihrer Körperfülle" (S. 20). Später hebt Newton sein Glas auf ihr Andenken: „Ich gab dir den Tod für deine Liebe." (S. 71).

Wo Schwester Dorothea nur mehr als erinnerter Schemen durch das Stück geistert, ist Irene S t r a u b wenigstens noch als Leiche im Hintergrund „auf dem Parkett in tragischer und

42) Jan Knopf, Friedrich Dürrenmatt, S. 103

definitiver Stellung" (S. 13) zu besichtigen. Einstein hat die zweiundzwanzigjährige, aus Kohlwang stammende Landesmeisterin des nationalen Judoverbandes mit Hilfe der Stehlampenschnur erdrosselt. Ihrem Bruder in der Ostschweiz ist die Todesnachricht unverzüglich zutelefoniert worden. Auch Schwester Irene liebte den ihr anvertrauten Patienten. Alle seine Versuche, sie von sich zu weisen, Warnungen, rüdes Betragen, hündische Behandlung und flehentliches Bitten – der Gedanke an masochistische Neigungen liegt nahe – vermochten nichts auszurichten. So nahm die Katastrophe ihren Lauf, zumal auch Schwester Irene Verdacht geschöpft hatte, Einstein sei normal. In der Gedenkszene erinnert sich der Mörder vor allem ihrer Bereitschaft zur „Hingabe" (S. 71).

Nach dem zweiten Mord an einer Schwester fordert der Staatsanwalt kategorisch, männliches Pflegepersonal in der „Villa" einzusetzen.

Oberschwester Marta B o l l, „die so resolut aussieht, wie sie heißt und ist" (S. 14), begehrt dagegen auf, freilich ohne Erfolg. An mangelndem Selbstvertrauen leidet sie nicht, weder gegenüber dem Inspektor der Mordkommission, noch gegenüber der Klinik-Chefin. Ihr Umgangston ist sachbezogen bis zur Unverbindlichkeit. Offensichtlich versteht sie ihr Fach und genießt von daher in ihrer Arbeitsumgebung nicht geringen Respekt. Selbst Fräulein Doktor von Zahnd läßt sich von der Oberschwester nicht gerne beim Rauchen erwischen.

Realistische Details lassen ihre Tüchtigkeit erkennen. So trägt sie eben ganz selbstverständlich die Krankenakte Möbius mit sich, wenn dessen ehemalige Frau als Besucherin im Anmarsch ist. Alle Regelungen, die im Zusammenhang stehen mit Irene Straubs Aufbahrung, hat sie ohne dazu aufgefordert zu sein, gewissenhaft getroffen.

Daß Marta Boll Kraftsport betreibt – sie stemmt – fügt sich zum Bilde erdverbundenen Selbstwertgefühls.

Allerdings unterläuft ihr, der Zuverlässigen, ein schlimmer Fehler, als sie Schwester Monika S t e t t l e r allein läßt mit dem aufgeregten Möbius und so die entscheidende Vorbedingung setzt für die Möglichkeit zum dritten Schwesternmord. Diese junge Frau ist fünfundzwanzig Jahre alt, stammt aus Blumenstein und steht mutterseelenallein in der Welt. Sportliche Ambitionen sagt man ihr nicht nach, dafür aber große Tüchtigkeit im

Beruf: „Monika Stettler war meine beste Pflegerin. Sie verstand die Kranken. Sie konnte sich einfühlen." (S. 53)

Gerade dies wird ihr zum Verhängnis; denn sie durchschaut Möbius: „Ich weiß einfach, daß Sie nicht krank sind. Ich fühle es." (S. 42).

Wie nicht selten bei Menschen, die in ihrem Beruf Außerordentliches leisten – den literarischen Beleg liefern Thomas Manns ‚Leistungsethiker' haben sich in Schwester Monikas Haßgefühle gegen die eigene Profession aufgestaut: „Fünf Jahre habe ich nun die Kranken gepflegt, im Namen der Nächstenliebe. Ich habe mein Gesicht nie abgewendet, ich war für alle da, ich habe mich aufgeopfert. Aber nun will ich mich für jemanden allein aufopfern . . ." (S. 45)

Ganz ein Kind moderner Zeiten, steht sie fern von verstaubter Prüderie: „Ich will mit Ihnen schlafen, ich will Kinder von Ihnen haben." (S. 45) Man glaubt der jungen Frau, daß sie den Lebenskampf zu meistern in der Lage ist, zumal wenn ein so mächtiger Antrieb wie die Liebe sie beflügelt: „Ich will für meinen Geliebten dasein." (S. 45)

In Möbius Verzicht auf öffentliches Wirken sieht Monika Stettler einen Verrat an König Salomo. Ihn aus der selbstgewählten Isolierung zu reißen, hat sie alle praktischen Voraussetzungen geschaffen: von der Übernahme des Gemeinde-Schwesternamtes in Blumenstein über einige Ersparnisse bis zur Kontaktaufnahme mit seinem früheren Hochschullehrer als einem potentiellen Förderer Möbiusschen Fortkommens. Sich nicht länger einsam wissend, weint Monika Stettler eben vor Glück, als sie der geniale Idealist entleibt. Dabei vertraut er Bewährtem. Nach der Stehlampenschnur muß nun wieder die Vorhangkordel das Ihre tun wie schon bei Dorothea Moser.

Die Ironie der dramatischen Situation will es, daß der sich weise wähnende Narr Möbius objektiv durchaus närrisch handelt. Der Mord an Monika Stettler fügt den Schlußstein in die sorgsam konstruierte Falle, in welcher die Physiker fortan hausen werden: weder weise, noch frei und schon gar nicht unschuldig.

Mit Beginn des zweiten Aktes übernehmen Oberpfleger Uwe S i e v e r s, ehemaliger Europameister im Schwergewichtsboxen, und seine Untergebenen, der südamerikanische Meister im Schwergewicht M u r i l l o und der nordamerikanische Meister im Mittelgewicht, der Schwarze Mc Arthur, die Aufgaben der getöteten Schwestern. Alle drei sind von riesenhafter Gestalt. Mathilde von Zahnd zahlt ihnen astronomische Gagen. „Ungeheuer" (S. 54) nennt sie spontan der von ihrer Körperlichkeit beeindruckte Inspektor, und „Wenn wir die bei der Polizei hätten..." (S. 55) schließt sich eine neidvolle Reflexion an. „Die Burschen werden den Staatsanwalt endlich beruhigen. Denen entkommt niemand" (S. 55) lobt er die neueste Akquisition der buckligen Jungfer.

Die Einschluß-Szene, eingebettet in das Abendessen der Physiker, gibt ihm sehr bald recht: „Murillo läßt beim Fenster ein Gitter herunter. Der Raum hat nun auf einmal etwas von einem Gefängnis" (Regieanweisung, S. 63). Noch verwendet Oberpfleger Sievers die situationsangemessenen Berufsvokabeln ‚Patient' und ‚Pfleger' bei dem appellartigen Zeremoniell.

Ihren nächsten -und letzten- Auftritt haben die drei „Ungeheuer" in schwarzen Uniformen mit Mütze und Pistole. (Max Frischs ‚Judenschau' im Andorra-Stück von 1961 bringt sich in Erinnerung.)

Der Umgangston ist zu einer Mischung von militärischem Gebelfer – „Rauskommen!" (S. 73) – und Groschenheft-Primitivismen verkommen – „OK, Boß" (S. 74). Die korrekte Berufsbezeichnung ‚Pfleger' ist auf die Regiebemerkungen zurückgeworfen worden. Sievers, Mc Arthur und Murillo sind als Mitglieder einer umfangreicheren Bewachungsmannschaft ausgewiesen: „Die Villa ist von Wärtern umstellt..." (S. 74) Wie so oft in Dürrenmatts Komödien, hat sich wieder einmal die Szene zum Tribunal gewandelt. Im anderen großen Erfolgsstück, dem ‚Besuch der alten Dame', ist es das Wirtshaus, welches zum Gerichtssaal mutiert; hier wird die Patienten-‚Villa' zum Trust-Gefängnis.

Im Opfer-Wärter-Dualismus des Personals erfährt dieser Wandel des Sachcharakters seine ironische Entsprechung.

Kritisch wendet man gegen den Schluß des zweiten Aktes ein: „Die Kolportageelemente sind nicht zu übersehen."[43] Die Pfleger – Oskar Keller spricht von „KZ-Wächtern"[44] in diesem Zusammenhang – wurzeln sichtlich im Trivialen. Das freilich steht ihrer Bühnenwirksamkeit nicht im Wege.

---

43) Manfred Durzak, Dürrenmatt. Frisch. Weiss, S. 124
44) vgl.: Oskar Keller, Friedrich Dürrenmatt. Die Physiker, S. 32

Die Kriminalbeamten

Beide Akte des Spiels beginnen mit jeweils einer Morduntersuchung, welche die gleiche Mannschaft der Kriminalpolizei vornimmt. Der zeitliche Abstand beträgt eine Stunde. Dem leitenden Kriminalinspektor zur Seite stehen die Polizisten Guhl und Blocher sowie ein namentlich nicht bezeichneter Gerichtsmediziner. Daß außerdem einige im Personenverzeichnis nicht aufgeführte Polizisten mit von der Partie sind, wird erst aus den Regiehinweisen ersichtlich (vgl. S. 56).

Kleine charakterisierende Datails differenzieren die zu Voß Mannschaft zählenden Beamten.

So wird B l o c h e r, der die Funktion des Polizeifotografen ausübt, vom Inspektor geduzt, während er selbst sich der respektvollen Anrede „Her Inspektor" befleißigt (S. 15).

Der Polizeistenograf G u h l wird solcher Vertraulichkeit nicht teilhaftig. Voß spricht ihn konsequent mit „Sie" an (S. 16).

Der G e r i c h t s m e d i z i n e r kann sich inmitten amtlicher Routine noch begeistern am Außergewöhnlichen: „Diese Irren entwickeln oft gigantische Kräfte. Es hat etwas Großartiges." (S. 16)

Weitergehend Charakterisierendes bietet auch die Eröffnungsszene des zweiten Aktes nicht. Die Voß-Begleiter bleiben Nebenfiguren: „. . . zivil kostümiert, seelenruhige, gemütliche Burschen, die schon ihre Portion Weißwein konsumiert haben und danach riechen. Sie messen, nehmen Fingerabdrücke usw." (S. 14)

Polizeiinspektor Richard V o ß hingegen füllt einen gewichtigen Platz im Ensemble der Figuren, stellt er doch gleichsam das Bindeglied dar zwischen der ‚normalen' Ordnung, aus der er kommt und in deren Auftrag er handelt und jener ganz anderen Irrenhaus-Ordnung, in die ihn sein Auftrag verschlagen hat und die sein Handeln lähmt: „Der rationale Mechanismus, der sonst bei der Aufklärung eines Mordes reibungslos funktioniert, setzt hier aus. Die Kausalitätskette, die sich zwischen Opfer, Täter, Motiv und Schuld der Tat herstellt, versagt im Irrenhaus. Der Täter musiziert zusammen mit der Irrenärztin auf seinem Zimmer, die ihn aus therapeutischen Gründen beruhigen will. Der Inspektor sitzt tatenlos auf der Wartebank und muß das als Unfall hinnehmen, was seiner eigenen Logik nach als Mord zu bezeichnen wäre. Was Dürrenmatt hier in den ersten Szenen entwirft, ist eine zynische Utopie der Freiheit im Irrenhaus, einer Freiheit, die durch keine moralischen Maßstäbe mehr eingeengt wird, die auch die Entscheidung über Tod und Leben der anderen mit umfaßt."[45]

Daß die Oberschwester ihm im Irrenhaus das Rauchen verbietet, erscheint Voß noch plausibel. Aber einen überführten Mörder nicht ‚Mörder‘ und einen erwiesenen Mord nicht ‚Mord‘ nennen zu dürfen, treibt ihm im Verein mit Einsteins Beruhigungs-Fiedelei den Schweiß auf die Stirn, wenngleich er nicht zum erstenmal in ähnlicher Situation auf die Ärztin warten muß. Nach Schwester Dorotheas Hinscheiden mußte er auf das Ende der therapeutischen Schachpartie mit dem Mörder harren. Jetzt ist ihm derselbe geradezu willkommen als Gesprächspartner, um lästiges Herumsitzen zu überbrücken, zumal sich Newton aufräumend als Anhänger der Ordnung bekennt: „Ich bin eigentlich nur Physiker aus Ordnungsliebe geworden. Um die scheinbare Unordnung in der Natur auf eine höhere Ordnung zurückzuführen." (S. 19) Erleichtert will er zur Zigarre greifen, aber man ist im Irrenhaus. Hier dürfen nur Patienten rauchen. Voß rettet sich in Spott über seinen Gesprächspartner: „Sie müssen ja weit über zweihundert Jahre alt sein." (S. 20). Doch das hilft ihm wenig. Newton treibt den Inspektor mit skurrilen und provozierenden Einfällen in immer tiefere Verwirrung. Schließlich verabschiedet er sich mit dem Rat: „Sie sollten sich selber verhaften . . ." (S. 23)

So trifft die Ärztin von Einstein kommend auf einen schon einigermaßen angeschlagenen Gesprächspartner, und es wird ihr leicht, Voß davon zu überzeugen, die beiden Mordtaten wären Folgen radioaktiver Gehirnschädigungen. Mit der dringenden Mahnung zu verstärkten Sicherheitsmaßnahmen tritt Voß den Rückzug an. Die von ihm vertretene Ordnung ist auf der Strecke geblieben.

Nach dem dritten Mord kehrt Voß wieder. Diesmal fügt er sich von vornherein in die Ordnung des Irrenhauses ein. Jetzt ist er es, der auf Tabak und Alkohol verzichtet und der auf den Sprachregelungen der medizinischen Perspektive besteht.

45) Manfred Durzak, Dürrenmatt. Frisch. Weiss. S. 119

Möbius bleibt den Rechtsmechanismen der Außenwelt entzogen. Voß bekennt sich jetzt zu jenem Dualismus der unterschiedlichen Ordnungen, dessen Nichtannahme ihm schon zweimal subjektiv empfundene Niederlagen in ‚Les Cerisiers' bereitet hat.

Mit ein wenig sozialer Koketterie betont er zwar seinen Beamtenstatus vierzehnter Klasse angesichts der kulinarischen Freuden, welche die Tafel der irren Mörder zieren; aber aus der Anerkennung der Gegebenheiten wächst ihm soviel Selbstsicherheit zu, daß er regelrecht genießen kann, des Handlungszwanges ledig zu sein: „Ich könnte jubeln. Ich habe drei Mörder gefunden, die ich mit gutem Gewissen nicht zu verhaften brauche. Die Gerechtigkeit macht zum ersten Male Ferien, ein immenses Gefühl." (S. 57)

Voß Annahme der Situation gründet auf der feststehenden Tatsache, daß Straffreiheit für Geisteskranke integrierter Bestandteil aller zivilisierten Rechtsordnungen ist.

Wir haben es hier mit einer jener „harten Umkehrungen"[46] zu tun, welche Elisabeth Brock-Sulzer neben „rasanter Handlungsführung", „Theatercoups" und „neuer Sprache" für den mitreißenden Charakter des Spiels von den Physikern verantwortlich macht.

Des Inspektors veränderte Haltung präsentiert sich gleichsam als spezielle Ausprägung des ‚Dienstes nach Vorschrift'.

Mit seinem spontanen Entschluß[47], die vorgegebenen Rechtsverhältnisse zu akzeptieren, wie sie sind, kehrt der Inspektor zur Glaubwürdigkeit zurück. Ein erfahrener Kriminalist, der allen Ernstes daranginge, Täter, deren Zurechnungsfähigkeit medizinisch ausgeschlossen ist, der normalen Strafjustiz zuzuführen, beherrschte Grundlagen seines Handwerks nicht.

Daß Dürrenmatt dieser Fiktion zunächst Raum gibt, geschieht sichtlich im Dienste der Bühnenwirksamkeit.

---

46) Elisabeth Brock-Sulzer, Dürrenmatt in unserer Zeit, S. 41
47) Oskar Keller, Friedrich Dürrenmatt, ‚Die Physiker', S. 25: „Kriminalinspektor Voß ist durch die Erlebnisse in der Irrenanstalt nachdenklich geworden. Er spielt nicht nur in dieser anderen Ordnung mit, die Ordnungen an sich sind für ihn fragwürdig geworden. ... Er nutzt nun die Chance bewußt, die ihm die Überschneidung der Ordnungen einräumt." – Diese Deutung scheint überzuinterpretieren. Für die Wege von und nach ‚Les Cerisiers' einschließlich allen Philosophierens standen ganze sechzig Minuten zur Verfügung.

Die Roses

Mit kennzeichnender Wortwahl betont Ulrich Profitlich, die „Zahl der von Komik ganz oder weitgehend v e r s c h o n t e n Figuren im Werk Dürrenmatts"[48] sei eher klein.

Die vorgeführte Missionarsfamilie gehört wahrhaftig nicht zu den Verschonten. Mit sichtlichem Behagen an der Verzerrung bringt Dürrenmatt eine Kleinbürgeridylle ins Irrenhaus. Der Vorsatz ist spürbar, die ungewöhnliche Umgebung zum Rahmen ätzender Denunziation werden zu lassen. Lachsichere Banalitäten in dieser Szene stehen zwar für den gewünschten Bühneneffekt, aber ihre Nähe zum bloßen Klamauk ist unverkennbar. Hier kommt kritischerem Publikum eher Millowitsch als Nestroy in den Sinn.

Die ehemalige Frau Möbius ist seit drei Wochen ein zweites Mal verheiratet. Neben dem Stolz, sich „Frau Missionar R o s e" (S. 29) nennen zu dürfen, bewegen sie Schuldgefühle. Ihr Erröten, ihre Unsicherheit, ihre Worte zeigen es. So fürchtet sie, die Ärztin „grausam" zu „überraschen" (S. 29) durch die neue Eheschließung. Jetzt sollen ihre drei Söhne den Vater wenigstens noch kennenlernen, bevor man zur Missionsstation auf den Marianen aufbricht. Aus dem Gefühl heraus, sich rechtfertigen zu müssen, breitet sie die Geschichte der Möbiusschen Ehe aus. Ihre Bilanz: „Ein Leben lang mühte ich mich ab" (S. 32) ist im buchstäblichen Sinne der Worte wahr. Auch jetzt wird sie den Versuch, doch noch ein Zipfelchen vom Glück in ihr Leben zu zwingen, mit harten Mühen bezahlen müssen. Ihr verwitweter Mann bringt sechs Buben mit in die Ehe. Er selbst ist von zarter Konstitution. Ihrer Wirtschaftskunst wird es obliegen, die große Familie mit einem bescheidenen Missionarsgehalt durchzubringen. Trotz ihres konventionellen Gehabes, der Neigung zu belächelnswerten Diminutiva wie „Wilhelmlein" (S. 33), dümmlicher Haarspalterei zwischen „Sanatorium" und „Irrenhaus" (S. 35) und anderen Kleinbürgereien ist doch eines gewiß: Frau Lina Rose besitzt ein tapferes Herz. Ihre Lebensleistung fordert Respekt, hat sie doch drei Knaben allein erzogen und den Sanatoriumsaufenthalt ihres Mannes über eineinhalb Jahrzehnte finanziert. Für andere zu sorgen, ist ihr so sehr zur

---

48) Ulrich Profitlich, Friedrich Dürrenmatt. Komödienbegriff und Komödienstruktur, S. 90

zweiten Natur geworden, daß sie persönliche Glückserfüllung nur mehr mit schlechtem Gewissen zu erstreben vermag.

Oskar R o s e , Frau Linas neuer Ehepartner, war ursprünglich Pfarrer in Guttannen im Berner Oberland. Als Missionar wird er eine Station übernehmen. Frau Lina nennt ihn einen „leidenschaftlichen Vater" (S. 32). Er selbst bekennt sich zu Möbius Nachkommenschaft: „Ich habe sie fest in mein Herz geschlossen, Herr Möbius, alle drei." (S. 36).

Dürrenmatt stattet den Geistlichen mit einem Sprachgebaren öligsalbungsvollen Doktrinarismus aus, das im Alltagsverkehr die Grenzen der Peinlichkeit streift: „Gott wird uns helfen nach dem Psalmwort: Der Herr ist mein Hirte, mir wird nichts mangeln" (S. 36).

Angesichts solch karikierender Verzerrung fragt Manfred Durzak polemisch: „Könnte man nicht zudem sagen, daß Rose, dessen Verantwortungsgefühl ihn jene Aufgabe auf einer fernen Insel übernehmen läßt, ein wesentlich aktiveres moralisches Bewußtsein an den Tag legt als Möbius, dessen Antwort auf die Konfliktsituationen der Welt reiner Eskapismus ist."[49]

Die Szene tendiert vollends zur Klamotte, wenn die drei Möbius-Söhne, der sechzehnjährige künftige Pfarrer A d o l f - F r i e d r i c h , der fünfzehnjährige kommende Philosoph W i l - f r i e d - K a s p a r und der vierzehnjährige J ö r g - L u k a s , der gerne Physiker werden will, ihrem irren „Papi" (S. 36) zum Abschied eine Buxtehude-Komposition auf der Blockflöte darbieten.

Prompt bricht die kleinbürgerliche Idylle in einer Slapstick-Situation in Stücke. Das Genie retiriert in einen umgedrehten Tisch und plärrt aus Protest den „Psalm Salomos, den Weltraumfahrern zu singen" (S. 38f). „Mit Brutalität wehrt er (Möbius) sich gegen die andressierte Innigkeit, mit einem Gegenpsalm gegen begrenzte bürgerliche Ordnungsschwelgerei . . ."[50] wertet Oskar Keller.

Angesichts eines ‚Vaters', der für die Lebenstüchtigkeit seiner Söhne nicht viel mehr als den Zeugungsakt geleistet hat – Kleinbürgereien hin oder her – fällt es nicht leicht, die Rechtfertigung dieser Protestaktion zu erkennen.

---

49) Manfred Durzak, Dürrenmatt. Frisch. Weiss, S. 121 f.
50) Oskar Keller, Friedrich Dürrenmatt. Die Physiker, S. 18

Ein „schwarzes Stück, das wohl den Zuschauer mit allen Listen des Theaters der erbarmungslosen Wirklichkeit aussetzt"[51] hat man die Physiker genannt. Dazu fügt sich jener Augenblick, in welchem der jüngste Sohn Jörg-Lukas dem hemmungslos tobenden Möbius zuruft: „Adieu, Papi! Adieu!" (S. 39)

---

51) Elisabeth Brock-Sulzer, Dürrenmatt in unserer Zeit, S. 42

8. „Wir müssen unser Wissen zurücknehmen..." – Ansätze zur Interpretation –

Dürrenmatts „Physiker" sind ein wohlgelungenes Kind aus der innigen Verbindung von ‚Einfall' und ‚Zufall' – zweier Schlüssel-Dominanten unter den Werk-Zutaten des Schweizers.

Der Patenonkel – um im Bild zu bleiben – heißt Robert Jungk. Den Anregungen seines Sachbuchs „Heller als tausend Sonnen" ist das Stück zu verdanken. In einer Buchrezension für die ‚Weltwoche' hat Dürrenmatt 1956 geschrieben: „Eine Chronik vom Untergang einer Welt der reinen Vernunft."[52] Vor allem handelt es sich erkennbar um eine Chronologie verderblicher Irrtümer.

Denn die Geschichte der nuklearen Aufrüstung markiert sich vorwiegend an hand von Trugschlüssen.

Nachdem Otto Hahn 1938 die Kernspaltung entdeckte, war er – und waren mit ihm beispielsweise Rutherford und auch Einstein – zunächst der irrigen Überzeugung, die Idee an eine Atombombe entbehre jeder Realität.[53]

Die politischen Verhältnisse im Dritten Reich trieben bedeutende Wissenschaftler außer Landes, nicht weniger bedeutende blieben in Deutschland. Die Furcht, Hitler könnte mit deren Hilfe nuklear aufrüsten, war von außen gesehen nicht unbegründet. Auf Drängen des ungarischen Physikers Szilard, wandte Einstein sich daher an Präsident Roosevelt, damit die USA der irrtümlich angenommenen deutschen Atombombenentwicklung zuvorkommen möge. Als der Krieg gegen Deutschland vorbei war, bestätigte nichts diesen Verdacht. Jetzt versuchten die Inspiratoren der amerikanischen Atombombenentwicklung den Geist wieder in die Flasche zu bekommen, den sie heraufgerufen hatten. Wie man weiß, blieb dies vergeblich.

Damit ist die Geschichte der Irrtümer noch keineswegs vollendet. In Dürrenmatts Rezension heißt es: „Der weitere Verlauf ist noch tragischer. An die Stelle des fingierten Wettrüstens USA-Deutschland tritt das wirkliche USA-Sowjetunion, eingeleitet

---

52) Oskar Keller, Friedrich Dürrenmatt. Die Physiker, S. 8
53) In diesem Zusammenhang merkt Dürrenmatt an: „... und im Sommer 1939 hätten noch zwölf Menschen durch gemeinsame Verabredung den Bau verhindern können (Heisenberg). Sie taten es nicht." – ebenda S. 7

durch den irrsinnigen Versuch, die Atombombe geheim zu halten, Wissenschaft als ein Staatsgeheimnis zu behandeln, kalter Krieg und Verrat, um endlich, wie beide Mächte die Bombe besitzen, mit dem Bau der Wasserstoff- und der Dreistufenbombe – Waffen ohne Grenzen, ermöglicht durch die Elektronen-Rechenmaschine ‚Maniac' = Wahnsinniger – die Menschheit als solche zu gefährden."[54]

Der verräterisch-antiquierte Terminus „Rechenmaschine" bringt andeutungsweise zum Klingen, welchen enormen Abstand drei Jahrzehnte wissenschaftlich-technischer Entwicklung seit Jungks Buch und Dürrenmatts Buchbesprechung geschaffen haben.

Das Theaterstück verdichtet die Anregungen des Sachbuchs zu seiner zentralen Fragestellung „. . . wie sich die Physiker in der heutigen Welt verhalten müssen und nicht nur die Physiker".[55]

Diese Problemstellung impliziert das Verhältnis von Wissenschaftlern und Technikern, von Wissenschaft und Macht und die Frage nach der individuellen Verantwortung des Forschers im Konflikt mit der Macht. Sie projiziert in das dramatische Geschehen die paradoxe Situation der Menschen in einer Phase der Menschheitsgeschichte, wo sich die Selbstabschaffung der Gattung homo sapiens als reale Möglichkeit abzeichnet.

Dürrenmatts ‚Einfall', die Existenzfrage der Menschheit in einem I r r e n h a u s zur Entscheidung zu stellen (1. bis 3. Punkt zu den Physikern), verbindet sich mit dem ‚Zufall', daß es in d i e - s e m Irrenhaus geschieht (4. bis 9. Punkt zu den Physikern) zu eben jenem Modell, das die verschiedenen Aspekte der zentralen Fragestellung zusammenführt.

Mit seinem Publikum gleichsam Vorstellbares erörternd, stellt Dürrenmatt der eigentlichen Realität einen von ihm geschaffenen Entwurf gegenüber, den er mit dem Reiz des Paradoxen würzt (10. bis 14. Punkt zu den Physikern). Daraus ergibt sich eine neue Transparenz der Wirklichkeit, sie erscheint im Paradoxen (15. bis 20. Punkt zu den Physikern). Dank ihrer Funktion als „Falle" (Dürrenmatt), vermag die Dramatik den Zuschauer der Wirklichkeit auszusetzen. Was daraus wird, ist nicht mehr Sa-

---

54) ebenda S. 8
55) ebenda S. 9

che der Dramatik (21. Punkt zu den Physikern). Ulrich Profitlich folgt der inneren Logik des Themas, wenn er das dramatische Modell mit einem Seitenblick auf Brecht bewertet: „Dürrenmatt dagegen liebt die unwahrscheinlichen, aber ‚auch‘ möglichen Extremfälle. Seine Parodoxien sind spektakulär, und was sie repräsentieren, ist eine ‚Tendenz‘ der Wirklichkeit. Während Brecht ein Geschehen, indem er es dialektisch behandelt, zu ‚historisieren‘, als gebunden an bestimmte, nicht für alle Zeit gültige Bedingungen zu erweisen sucht, ist die als ‚philosophisch‘ verstandene Dialektik im Werk Dürrenmatts durchaus unhistorisch, auf eine nichtaufhebbare ‚menschliche Grundsituation‘ gerichtet. (Mit den ‚Physikern‘ intendiert er eine moderne Version des Ödipus-Mythos.)“[56]

Der Bezug auf Brecht ist in unserem Zusammenhang nicht nur legitim, sondern unerläßlich. Parallelen zu Brecht finden sich bei Dürrenmatt allenthalben auf dem Felde der Dramaturgie, wenngleich in modifizierter Weise: „Unübersehbar ist der Einfluß, den Bertolt Brecht auf Dürrenmatt ausgeübt hat. Einige seiner Komödien variieren Brechtsche Themen. Die Verwandtschaft der Physiker zum Galilei-Stoff liegt auf der Hand. Gewisse Parallelen zwischen dem von Paul Burkhard komponierten Gangsterspiel ‚Frank V.‘ und der ‚Dreigroschenoper‘ zeichnen sich überaus deutlich ab...In nahezu allen Komödien Dürrenmatts finden sich Brechtsche Formelemente. Aber in keinem einzigen seiner Bühnenwerke bezieht der Schweizer Brechtsche Positionen.

Der Klassenkämpfer Brecht hielt die moderne Welt nur für beschreibbar, wenn sie als veränderbar beschrieben wird, wie er 1955 in den Darmstädter Gesprächen postulierte. Der Individualist Dürrenmatt teilt zwar mit Brecht die Auffassung, daß die Welt veränderungsbedürftig sei; aber er hegt massive Zweifel daran, daß dies gelingen könnte, angesichts des moralischen Antlitzes dieser Welt und ihrer Menschen.“[57]

In den ‚Physikern‘ wird die Problematik des ‚Galilei‘ auf das nukleare Zeitalter übertragen, wodurch – bei identischer Formulierung der Ausgangsfrage nach dem Verhalten des Physikers

---

56) Ulrich Profitlich, Friedrich Dürrenmatt, Komödienbegriff und Komödienstruktur, S. 20
57) Reinhard Kästler, Friedrich Dürrenmatt. Der Besuch der alten Dame, S. 11 f.

in seiner Zeit – das dramatische Modell aus völlig verschiedenen Voraussetzungen wächst.

Galileis ,Discorsi' dienen notwendigem Wissensfortschritt. Sie sind im elementaren Sinne nützlich. Mechanik und Fallgesetze wirken als neue Wissensgebiete produktiv. Damit wird dem Kniefall Galileis vor den politisch mächtigen ein Gegengewicht zuteil. Dem moralischen Versagen des Wissenschaftlers vor seiner Verantwortung wird sein objektiver Beitrag zum wissenschaftlichen Fortschritt an die Seite gestellt. Voraussetzung für diesen dialektischen Schachzug ist die Existenz einer Zukunftsperspektive für die Wissenschaft.

Möbius Erkenntnisse hingegen ermöglichen todbringenden Machtmißbrauch. Ihre Weiterentwicklung – hier offenbart sich die antizipatorische Dimension des Stückes[58] – kann nur noch das Töten perfektionieren und potenzieren. Eine historische Perspektive, die ihre Berechtigung in sich selber trüge, fehlt. Sie läßt sich allenfalls als Katastrophe der Menschheit projizieren. Für Möbius bleibt daher ein galileischer Kompromiß unmöglich: „Wir haben das Ende unseres Weges erreicht. Aber die Menschheit ist noch nicht so weit. Wir haben uns vorgekämpft, nun folgt uns niemand nach, wir sind ins Leere gestoßen.[59] Unsere Wissenschaft ist schrecklich geworden, unsere Forschung gefährlich, unsere Erkenntnisse tödlich. Es gibt für uns Physiker nur noch die Kapitulation vor der Wirklichkeit. Sie ist uns nicht gewachsen. Sie geht an uns zugrunde. Wir müssen unser Wissen zurücknehmen . . ." (S. 69)

Nach Hiroshima und Nagasaki, nach der in diesem Zusammenhang bekannt gewordenen Proklamation an die Öffentlichkeit, die von Einstein und sieben weiteren namhaften Physikern unterzeichnet war, schrieb Bertolt Brecht: „Es war schimpflich geworden, etwas zu entdecken."[60]

In seinem ,Arbeitsjournal 1938 – 1955' notiert der Dichter des ,Galilei': „die atombombe, mit der die atomarische energie sich zeitgemäß vorstellt, berührt die ,einfachen leute' als lediglich

---

58) Der Begriff ,Overkill' ist ein theoretisches Maß dafür, wie oft die gesamte Menschheit mit dem zu einem konkreten Zeitpunkt vorhandenen Waffenpotential ausgelöscht werden könnte. – Seriöse Schätzungen sprechen von etwa elffachem Overkill.
59) Der Bezug zum Salomo-Psalm ist unverkennbar.
60) zitiert nach Werner Mittenzwei, Bertolt Brecht. Von der ,Maßnahme' zu ,Leben des Galilei', S. 264

furchtbar, der sieg in japan scheint denen, die ungeduldig ihre männer und söhne zurückerwarten, vergällt. dieser superfurz übertönt alle siegesglocken. (für einen augenblick befürchtete laughton (Der Darsteller des Galilei in der amerikanischen Fassung des Stückes, d. Verf.) ganz naiv, die wissenschaft könne dadurch so diskreditiert werden, daß ihre geburt – im ‚Galilei‘ – alle sympathie verlöre. ‚the wrong kind of publicity, old man‘) "[61]
Der Leser dieser Zeilen stürzt förmlich über den schnoddrigen Vulgärausdruck ‚superfurz‘, offenbart er doch eine Problemsicht, die im Zeichen der Nuklearisierung des Zeitalters heute als unangemessen empfunden werden muß.

Dürrenmatt, dem es vergönnt war, die Entwicklung der auf sein Physikerstück folgenden Jahrzehnte zu erleben, vermag einem Interviewer des Jahres 1987 mit Sätzen zu antworten, die um keinen Milimeter von der Antizipation der Komödie abrücken müssen: „Wir befinden uns – bildlich gesprochen – in der Lage von Dinosauriern, einer vom Aussterben bedrohten Gattung. Nur mit dem Unterschied, daß unser Ende selbst verschuldet wäre. . . . Das Problem besteht nach meiner Auffassung darin, daß das menschliche Wissen ungeheuer zugenommen hat und weiterhin wächst, doch die menschliche Weisheit damit nicht Schritt gehalten hat."[62]

Möbius Aussage „Aber die Menschheit ist noch nicht so weit" (S. 69) kehrt so in einer für Dürrenmatts pessimistische Geschichts-Sicht charakteristischen These wieder. Das ‚Physiker‘-Modell hat in Übereinstimmung mit der historischen Wahrheit den Irrtum zur Voraussetzung.

Einstein und Szilard suchten nuklearen Schutz vor einer Gefahr, die nicht existierte, sie wurde eben dadurch heraufgereizt. Möbius sucht Schutz vor dem Mißbrauch seiner Erkenntnisse im Irrenhaus; eben damit liefert er sie der Macht aus. Möbius Situation gleicht aufs Haar jener des Physikers Houtermans, der über Vorgänge in der Sonne nachdenkend auf das Lösungsprinzip für die Wasserstoffbombe verfiel: „Das Pech Houtermans besteht darin, in einer Welt zu leben, in der eine gewisse Art von Denken offenbar gefährlich ist, wie das Rauchen in einer Pulverfabrik. . . . Denken kann vielleicht überhaupt in Zu-

61) zitiert nach Hans Gehrke, Bertolt Brecht. Der gute Mensch . . ., S. 131
62) Neues Deutschland, 21./22. März 1987, S. 6

kunft immer gefährlicher werden", konstatiert Dürrenmatt in der Jung-Rezension.[63] Er knüpft daran den Vorwurf, die Physiker hätten insofern moralisch versagt, als sie sich den Politikern und Militärs ausgeliefert haben, um die Atombombe überhaupt bauen zu können.[64] Möbius korrigiert als Dürrenmattsche Demonstrationsfigur die Historie der Nuklearphysik moralisch – zumindest im Ansatz: er sucht im Irrenhaus Vergessenheit; er versucht, sein Wissen den Mächtigen vorzuenthalten. Aber: „Jeder Versuch eines einzelnen für sich zu lösen, was alle angeht, muß scheitern." (S. 84). Auch hier erscheint im Paradoxen die Wirklichkeit. Die Negativgestalt Galilei widersteht zwar nicht der moralischen Korruption der Wissenschaft durch die Mächtigen, nützt aber objektiv dem Fortschritt.

Die Positivgestalt Möbius bleibt unbestechlich und beharrt auf Integrität: „Es gibt Risiken, die man nie eingehen darf: Der Untergang der Menschheit ist ein solches". (S. 68) Objektiv aber erliegt Möbius den Mechanismen der Macht.

„Eine Geschichte ist dann zu Ende gedacht, wenn sie ihre schlimmstmögliche Wendung genommen hat", sagt Dürrenmatt im dritten der ‚21 Punkte zu den Physikern' (S. 82). Das heißt in einem symbolhaften Kürzel verdichtet: Triumph des Irrsinns.

Ohne Zweifel ist der Stückpointe – die irre Irrenärztin auf dem Wege zur Weltmacht – ein deutlich antizipatorischer Akzent eigen, der in den Dimensionen des Rüstungswettlaufs der Supermächte und ihren tangentialen Auswirkungen auf deren Juniorpartner beklemmenden Ausdruck findet.[65]

---

63) zitiert nach: Oskar Keller, a. a. O. S. 9
64) ebenda S. 10: „Über die Atomkraft verfügen nun die, die sie nicht begreifen. Es ist daher nicht zu bestreiten, daß die Elite versagte, der Ausspruch des Mathematikers Hilpert, den Jung überliefert, daß die Physik für die Physiker zu schwer sei, bestätigte sich auf eine gespenstische Weise; wie dieses Versagen bei den Hauptakteuren zu Tage tritt, zeigt Jung erschütternd. Der Abwurf der Bomben auf Japan, ja auch der Bau der Wasserstoffbombe hätte vermieden werden können. Im Grunde wußte niemand, was er tun sollte. Was ‚technisch süß' war, verführte die meisten, und oft war es einfach nicht möglich, schuldlos zu bleiben. Daß alles menschlich verständlich ist, macht die Geschichte teuflisch. So entsteht schließlich der Eindruck, daß alle diese apokalyptischen Bomben nicht erfunden wurden, sondern sich selber erfunden haben, um sich, unabhängig vom Willen Einzelner, vermittels der Materie Mensch zu verwirklichen."
(Schluß der Rezension in der Zürcher ‚Weltwoche' vom 7. Dezember 1950)
65) Die Aktualität und Brisanz des nuklearen Themas, das in den ‚Physikern' angeschlagen ist, zwingt zu gelegentlichen Seitenblicken auf vordergründig

Möbius agiert in einer Welt, die gefährlicher geworden ist, in der man Sprengwirkungen nach Megatonnen rechnet und zukünftig gedachte Leichen in Megatoten zählt.

,nichtliterarische' Sachverhalte, beispielsweise um wie hier die Stückpointe ins rechte Licht zu rücken:

„Nach einem atomaren Schlagabtausch wird die Sonne hinter kilometerdicken schwarzen Wolken verschwinden, werden sich Dunkelheit und Kälte für viele Monate auf die Erde legen. Selbst mittags wird es so finster sein, daß die Überlebenden nicht die Hand vor den Augen sehen.... Im atomaren Frost vereisen alle Gewässer, sterben Tiere und Pflanzen. Die lange kalte Nacht wird niemand überleben". (Paul Crutzen, Direktor des Max-Planck-Instituts für Chemie in Mainz) –

zitiert nach ,Der Spiegel', 21. Januar 1985, S. 84

„In viel aufwendigeren Tunneltests wird die Wirkung nuklearer Explosionen auf militärische ,hardware' und ,software' untersucht.... Während die ,Bohrloch-Tests' mit fünf bis zwanzig Millionen Dollar ,sehr billig' sind, kosten die Tunneltests bis zu hundert Millionen Dollar." –

zitiert nach ,Stern' vom 28. August 1986, S. 17

„Im Dreieck zwischen Rhein und Mosel hat sich der Nordatlantikpakt eingegraben; als Bergbau-Unternehmen ist die Nato Spitze.... Bezahlt werden solche Kriegshauptquartiere aus dem Nato-Infrastrukturprogramm, zu dem alle Bündnisstaaten Geld beisteuern. Der Anteil der Bundesrepublik beträgt 26,8 Prozent. Mit diesem Programm soll die Fähigkeit der Nato verbessert werden, einen Atomkrieg notfalls zu führen und zu überstehen. Für die Jahre von 1980 bis 1990 sind zu diesem Zweck Ausgaben von 31,2 Milliarden Mark verplant..." –

zitiert nach ,Stern' vom 5. März 1987, S. 28

„Im andern deutschen Staat scheint den Regierenden das Zutrauen in die eigenen Kriegsverhinderungskünste ebenfalls zunehmend abhanden gekommen zu sein. Die DDR-Führung hat sich bei Strausberg im Osten Berlins, 24 Quadratkilometer groß, ihre Bunkerlandschaft für die Polit- und Militärelite betonieren lassen. Die Anlage wird ständig modernisiert und ausgebaut." –

zitiert nach ,Stern' vom 5. März 1987, S. 30

„Die Kosten für Präsident Reagans Raketenabwehrsystem SDI verschlingen unvorstellbare Summen, sollte das Programm jemals realisiert werden. Eine von drei demokratischen US-Senatoren in Auftrag gegebene Studie hat ergeben, daß es allein etwa 1000 Milliarden Dollar kosten würde, ein solches System im Weltraum in Stellung zu bringen – Aufwendungen für Entwicklung und Herstellung der Geräte gar nicht gerechnet." –

zitiert nach ,Der Spiegel', 10. August 1987, S. 109

„Der Mensch ist sterblich. Die Menschheit ist jedoch unsterblich. Das war die Idee, die allen historischen Prozessen sozusagen unterschwellig zugrunde lag. Trotz der Berge von Leichen und der Ströme von Blut, über die die Geschichte schritt, schien die Zukunft der Menschheit gesichert zu sein.
Heute ist das grundsätzlich anders. Es gibt keine garantierte Zukunft mehr. Diese epochale Veränderung teilt die Geschichte in zwei grundverschiedene Perioden. Früher hat die Frage ,Sein oder Nichtsein?' einzelnen Menschen gegolten. Heute gilt sie der ganzen Menschheit. Die Zukunft ist in Frage gestellt. Ein Versehen oder ein Verbrechen könnten einen Nuklearkrieg auslösen, könnten das letzte Versehen und das letzte Verbrechen sein." –

zitiert nach ,Gesellschaftswissenschaften', Nr. 3 (51)/1987, S. 188 Verfasser Alexander Bowin, Herausgeber: Akademie der Wissenschaften der UDSSR; Titel: Neue Denkweise – Imperativ des nuklearen Zeitalters

Wo Brechts ‚Galilei' die Frage nach der Verantwortung des Wissenschaftlers mit dem Instrument der Parabel beantwortet, bleibt Dürrenmatts Möbius-Spiel einzig die Groteske. Ganz sicher wäre es verfehlt in Möbius eine Art von Gegen-Galilei zu sehen. Immerhin aber dient er erkennbar und exemplarisch Dürrenmatts Absicht, auf die gleiche Frage eine geschichtsphilosophisch andere Antwort zu geben, als die zentrale Figur eines „grotesken Endzustandes, über den kein Weg mehr hinausweist."[66]

Die Wirkungskraft des dramatischen Modells bedarf der Akzeptanz durch das Publikum. In Europa – vor allem in der Schweiz selber – seien die ‚Physiker' meist positiv, in Amerika und im Ostblock hingegen nicht selten ablehnend aufgenommen worden, vermerkt Bänziger: „Die Komödie hat eben auch eine politische Bedeutung."[67]

Mit manchen Unstimmigkeiten und psychologischen Brüchen in der Figurenanlage hat sich die Kritik nicht leicht abgefunden. Dies gilt in besonderer Weise fürf den wie von selbst herzudrängenden Gedanken an einen möglichen Freitod der Hauptgestalt Möbius: „Natürlich muß man die Prämissen zunächst einmal annehmen; man darf sich etwa nicht fragen, ob es nicht viel einfacher gewesen wäre, wenn Moebius sich umgebracht hätte. Schwerer wäre ihm das nicht gefallen, als die geliebte Frau zu ermorden und sein Leben lang den Verrückten zu spielen."[68]

In der Fachpublikation ‚Physikalische Blätter', Nr. 18/1962 spöttelt der Physiker Ernst Brüche, indem der Vorwurf auf alle drei Bewohner der Zahndschen Villa ausgedehnt wird: „Sie hätten vielleicht auch auf den Gedanken kommen können, sich selbst rechtzeitig vorher statt der Krankenschwestern umzubringen. . . . Dürrenmatts Physiker sind groteske Zerrbilder aus einer sonderbaren Mischung von rührseliger Verantwortung und verbrecherischer Überheblichkeit."[69]

In der Diktion behutsamer, aber in der Aussage nicht weniger konsequent, wertet Ulrich Profitlich: „Die Physiker . . . scheitern nicht an einem intellektuellen Defekt, nicht wie die Gestalten

66) Manfred Durzak, Dürrenmatt. Frisch. Weiss. S. 119
67) Hans Bänziger, Frisch und Dürrenmatt, S. 190
68) Elisabeth Brock-Sulzer, Dürrenmatt in unserer Zeit, S. 41
69) zitiert nach Manfred Durzak, a. a. O., S. 369

Brechts an falschen Berechnungen, nicht an Schwächen und Illusionen, sondern an ‚Störfaktoren‘, die weder vorauszusehen noch zu verhindern sind. Niemals wird als Heilmittel eine Erweiterung ihrer Einsicht, eine Verbesserung ihrer Methode suggeriert, im Gegenteil: wenn an ihren Schicksalen die paradoxen Tendenzen der Wirklichkeit und die Grenzen der menschlichen Vernunft deutlich werden sollen, dann müssen ihr Scharfsinn und ihre methodische Sorgfalt als ebenso unüberbietbar hingestellt werden wie die des mythischen Rätsellösers Ödipus."[70]

An anderer Stelle und in anderem Zusammenhang heißt es dann: „Wie niemand sonst unter den Dürrenmatt-Gestalten werden Möbius, Kilton und Eisler als ‚Denkende‘ gezeigt, die die ‚Auswirkungen‘ ihres Tuns antizipieren. Sie befreien sich von der Torheit der Gedankenlosen durch das Opfer, das ihnen ihre ‚Vernunft‘ im Namen der ‚Verantwortung‘ diktiert. Zugleich erweist sich freilich dieses ‚Opfer‘ . . . als die Bedingung, unter der sie einer anderen noch fataleren Spielart der Narrheit verfallen."[71]

Es ist kritisch eingewandt worden, Dürrenmatt habe kaum Sorgfalt auf physikalische Sachrichtigkeit verwandt: „Peter Wilker in der NZZ vom 24. März 1963 beanstandet Dürrenmatts mangelnde Kenntnis der physikalischen Fachsprache: ‚Wer . . . Feldtheorie und Gravitationslehre nebeneinander erwähnt, zeigt deutlich, daß er den Sinn dieser Worte nicht verstanden hat‘."[72]

Marianne Kesting wertet: „Dürrenmatts Stück nimmt sich eher als ein dramatischer Kopfstand in Form einer Farce aus, als eine Behandlung des Atomproblems". (‚Panorama des zeitgenössischen Theaters, a. a. O., S. 272)."[73]

Einen anderen Aspekt realitätsferner Gestaltung greift Heidsieck auf, wenn er den „konstruierten Schluß" kritisiert: „. . . die Fiktion, daß ausgerechnet eine Irre . . . sich der Bombe bemächtigen will . . . ein Atomkrieg wird in Rechenzentren kalkuliert".[74]

70) Ulrich Profitlich, Friedrich Dürrenmatt. Komödienbegriff und Komödienstruktur, S. 20 f.
71) ebenda, S. 45
72) zitiert nach Bänziger, a. a. O., S. 259
73) zitiert nach Durzak, a. a. O., S. 369
74) zitiert ebenda

In der Tat gehört wohl auch diese Fiktion zu jenen „Prämissen" (Brock-Sulzer), die das Publikum gefälligst hinzunehmen hat. Im Dialog Newton-Voß während des ersten Aktes aufgerichtet und in der Physikerszene vertieft (vgl. S. 22 bzw. S. 69), findet sich die These von der Bindungslosigkeit zwischen ‚Wissenschaft' und ‚Technik'.

Zuerst, erklärt Newton, entsteht eine Theorie, die in die Fassung mathematischer Formeln gebracht wird: „Dann kommen die Techniker. Sie kümmern sich nur noch um die Formeln. Sie gehen mit der Elektrizität um wie der Zuhälter mit der Dirne. Sie nützen das aus. Sie stellen Maschinen her, und brauchbar ist eine Maschine erst dann, wenn sie von der Erkenntnis unabhängig geworden ist, die zu ihrer Erfindung führte. So vermag heute jeder Esel eine Glühbirne zum Leuchten zu bringen – oder eine Atombombe zur Explosion." (S. 22)

‚Physiker' – so bleibt zu folgern – sind die Wissenden, Schöpferischen, „Auserwählten" (Thomas Mann) mit dem klaren Blick für die Folgen ihres Tuns; ‚Techniker' hingegen gehören zur stumpfen Masse der Nutznießer gläubig hingenommenen ‚Fortschritts'.

Dürrenmatts Sprachbild aus dem Gunstgewerbe prägt sich zwar ein, ob es aber sonderlich glücklich gewählt ist, sei dahingestellt.

Im Zeichen des Modells zugespitzt, richtet das Gleichnis vom Lichtschalter anachronistische Trennwände auf, wo in der Realität des Computer-Zeitalters keine sind – ob nun von Teamwork im Westen oder von Kollektivwerk im Osten die Rede sein mag.

Nicht umsonst spricht man von wissenschaftlich-technischer Revolution.

Die Hilfskonstruktion, Möbius gleichsam in ein Forschungsklima zu versetzen, wie es einem Galilei wohl anstehen mag – das auf sich gestellte Genie im stillen Kämmerlein – dient augenscheinlich dem dramatischen Modell und rückt den Konflikt zwischen moralisch Gerechtfertigtem und technisch Machbarem – diesen Jahrhundertkonflikt – in um so hellere Beleuchtung.

Der ‚Techniker' erscheint in der Beziehungsreihe ‚Wissenschaft – Technik – Macht' als ideologiefreier Pragmatiker mit roboterhaften Wesenszügen, der sich einzig dem erreichbaren Effekt verpflichtet sieht: „Sie gehen mit der Elektrizität um, wie der Zuhälter mit der Dirne." (S. 22)

Gewisse Anhaltspunkte im Stück lassen erkennen, daß Dürrenmatt sich der Risiken bewußt war, die aus der modellhaften Vereinfachung fachlicher und psychologischer Sachverhalte entstehen. So läßt er Einstein sagen: „Zum Lachen. Da versuchen Horden gut besoldeter Physiker in riesigen staatlichen Laboratorien seit Jahren vergeblich in der Physik weiterzukommen, und sie erledigen das en passant im Irrenhaus am Schreibtisch." (S. 64).

Und es schlägt wohl in dieselbe Kerbe, wenn über die Komödie im fünfzehnten Punkt gesagt wird: „Es kann nicht den Inhalt der Physik zum Ziele haben, sondern nur ihre Auswirkung." (S. 84).

Man hat Dürrenmatt auch im Zusammenhang mit den ‚Physikern' vorgehalten, was schon zum ‚Besuch der alten Dame' von manchen kritischen Stimmen übel vermerkt worden war – die Tendenz, das Triviale zu literarisieren: „Man fragt sich: Wieviel zusätzliche Sensation und Problematik wäre überhaupt notwendig gewesen, um einen erfolgreichen Schlager zu liefern? Alles bewegt sich in dieser Richtung: Sensationelle Aufmachung, persönliche Dramatik, Verbrechen und Probleme, simulierter und verborgener Wahnsinn, Figuren mit unerwarteten Charakterwandlungen, Humor und Sozialsatire ..."[75], heißt es in einer rumänischen Rezension vom 11. November 1965.

Bei aller Berechtigung zu kritischen Einwänden, es wurde auch über das Ziel hinausgeschossen. So wirft Peter Wilker in dem bereits erwähnten beckmesserischen Artikel der ‚Neuen Zürcher Zeitung' vom 23. März 1963 Dürrenmatt vor, daß er „nur eben die Atombomben-Konjunktur mitmacht".[76] Rund ein Jahr zuvor hatte die NZZ ihre Besprechung der Uraufführung mit dem Satz beschlossen: „Dürrenmatts Komödie ‚Die Physiker' wird im Theaterleben der Gegenwart Epoche machen".[77] Und damit sollte sie recht behalten; denn 1962/63 waren ‚Die Physiker' das meistgespielte Stück im deutschen Sprachraum, von wo aus die Komödie ihren Zug über die Bühnen der Welt antrat. Ihr Erfolg mag sich zu einem Teil daher erklären, daß sie genau die Befindlichkeit der Zeit traf. Die im dramatischen Modell er-

---

75) zitiert nach Hans Bänziger, Frisch und Dürrenmatt, S. 233
76) zitiert nach Volker Schüler, Dürrenmatt ..., S. 90f.
77) zitiert ebenda, S. 87

örterten Fragen mußten als brennend aktuell empfunden werden: „Das Physiker-Drama fällt in eine weltpolitische Lage, die einen offenen Konflikt zwischen den Supermächten befürchten läßt. Im Mai 1960 wird ein amerikanisches Aufklärungsflugzeug bei Swerdlowsk von den Sowjets abgeschossen: damit ist die Tatsache von Aufklärungsflügen der USA über sowjetischem Gebiet offenbar; und die Sowjetunion sieht einmal mehr ihre Ansicht bestätigt, wonach der Westen einen Angriff plant. Am 13. August 1961 wird in Berlin die Mauer gebaut, und der damalige Regierende Bürgermeister fordert die USA schriftlich auf, die Mauer gewaltsam zu beseitigen. Im November 1961 stürzt im mittleren Westen der USA ein amerikanischer Atombomber ab, bei dem fünf der sechs Sicherungen versagen: eine Atomkatastrophe erscheint täglich möglich." [78]
Hinzu kommt die großartige Bühnenwirksamkeit des Spiels. In der FAZ vom 26. Februar 1962 konstatiert Elisabeth Brock-Sulzer: „...hier ist voll auskristallisiertes Theater." [79]
Was einige zu tadeln wissen – Vielfalt der dramatischen Zutaten mit Trivialem gewürzt – wissen offensichtlich viele zu schätzen. Aus der ersprießlichen Verbindung von Zeitthematik und Unterhaltungswert saugt das Stück Lebenskraft.
„Was einmal gedacht wurde, kann nicht mehr zurückgenommen werden" (S. 77) lautet die resignative Schlußsentenz des verhinderten Helden Möbius. In seinem Salomo-Monolog entwirft er die Vision einer radioaktiven, leblosen Erde.
Mannigfache, qualifizierende Etikette suchen das Wesen des Physiker-Spiels zu erfassen: „Kassandraruf" (Bänziger), „endgültige Hoffnungslosigkeit" (Durzak), „globale Geschichtssicht" (Knopf), „wahnsinnige, rasend geraffte Geschichte" (Brock-Sulzer), „universale Skepsis" (Arnold), „zynischer Fatalismus" (Schüler) oder „die totale Sinnlosigkeit privaten Heldentums" (Keller).
Bei aller Nuancierung ist sich die Kritikerschaft einig in der Bewertung des Stückes als unüberhörbare Mahnung und Warnung von Gewicht. Dürrenmatt hat zur Sensibilisierung seiner Zeitgenossen beigetragen. Der wichtigste Satz, den er Möbius in den Mund gelegt hat, lautet: „Es gibt Risiken, die man nie eingehen darf: Der Untergang der Menschheit ist ein solches." (S. 68)

---

78) Jan Knopf, Friedrich Dürrenmatt, S. 101
79) Elisabeth Brock-Sulzer in: Frankfurter Allgemeine Zeitung vom 26. 2. 1962

Der Kernphysiker Andrej Sacharow, der ‚Vater der sowjetischen Wasserstoffbombe', fußt auf dieser Überzeugung seines fiktiven Kollegen Möbius, wenn er ausführt: „Eine atomwaf-
fenfreie Welt ist ein erstrebenswertes Ziel, aber sie wird erst in
Zukunft möglich sein, als Ergebnis zahlreicher radikaler Ver-
änderungen in der Welt ... Konvergenz – das Sichannähern
des sozialistischen und des kapitalistischen Systems – bietet
eine wirkliche und endgültige Lösung für die Probleme der internationalen Sicherheit."[80]

Unter denen, die Sacharows optimistischen Visionen als Zu-
hörer folgten, war auch der Geschichtspessimist Dürrenmatt.
Am 19. September 1987 geht die Nachricht durch die Welt-
presse, die Supermächte seien sich prinzipiell einig geworden
über die weltweite Beseitigung nuklearer Mittelstreckenwaf-
fen.

Presseerklärungen bezeichnen die erzielte Einigung als einen
ersten Schritt zu einer kernwaffenfreien Welt.

Man darf ‚Die Physiker' mit den besten Gründen ein Zeitstück
nennen.

---

80) Zwei Monate, nachdem Sacharow die Verbannung in Gorki verlassen und in
die Hauptstadt zurückkehren durfte, nahm er im Februar 1987 an einem ‚Frie-
densforum' teil, das in Moskau auf Initiative von Parteichef Gorbatschow statt-
fand. Sacharow äußerte sich in drei Redebeiträgen, die er dann zu einem geschlossenen Text zusammenfaßte und exklusiv ‚Time' überließ. – Die zitierten
Sätze lauten im englischen Original: „A nuclear-free world is a desirable goal,
but it will be possible only in the Future as the result of many radical changes in
the world ... Convergence – a rapprochement of the socialist and capitalist systems – offers a real and lasting solution to the problem of international security." (S. 16) – Time, March 16, 1987, Nr. 11

9. Dramaturgische Elemente der Komödie

Die Beschreibung des Spielortes suggeriert Behagen. ‚Salon' und ‚bequem' sind die markanten Sinnträger der ersten Zeile; ganze einundzwanzig Zeilen braucht es, bis endlich der Begriff ‚Irrenhaus' auftaucht, und sofort entschuldigt sich der Autor mit einem eingeklammerten Satz: „(nun ist das Wort doch gefallen)" (S. 12), um dann ironisierend fortzufahren: „Auch den Salon werden wir nie verlassen, haben wir uns doch vorgenommen, die Einheit von Raum, Zeit und Handlung streng einzuhalten; einer Handlung, die unter Verrückten spielt, kommt nur die klassische Form bei" (S. 12)

Was hier gleichsam augenzwinkernd vorgetragen ist, wird dann mit solcher formalen Strenge durchgehalten, daß sich aus dieser Kombination heraus der Eindruck der Parodie wie von selbst ergibt.

„Man hat immer wieder behauptet, Dürrenmatt sei in Wahrheit Aristoteliker, insofern auch dieses Stücke einmal mehr die Einheit von Raum Zeit und Handlung vorführe . . . . Dabei aber stehenzubleiben, hieße nur die rein formale Seite der aristotelischen Einheit sehen und vor allem das Spiel der Physiker auch da, wo sie geistig normal sich aufführen – als bloßes belangloses und überflüssiges Spiel entlarvt. Der einzelne ist machtlos, das Denkbare wird gedacht von auswechselbaren Figuren, und wer das Denkbare denkt, ist am Ende völlig gleichgültig."[81]

Die umfangreiche Beschreibung des Spielortes bietet spöttisch vorgetragene Nichtigkeiten neben genau gezielter Gesellschaftssatire. Da stehen „blaue Gebirgszüge, human bewaldete Hügel und ein beträchtlicher See" (S. 11) in der Nähe eines Irrenhauses, das die „ganze geistig verwirrte Elite des halben Abendlandes" (S. 12) beherbergt. Erst vom Ende des Stückes her wird deutlich, welche eigentliche Aufgabe die Beschreibung des Spielortes zu leisten hat. „Im Paradoxen erscheint die Wirklichkeit" – das Irrenhaus wird als Entsprechung der eigenen Welt des Zuschauers erkennbar: mit undurchsichtigen Machtstrukturen, vergeblichem Heldentum, Klein-

---

81) Jan Knopf, Friedrich Dürrenmatt, S. 104

bürgerlichkeit, Geld-Biographien, Profit- und Machtgier, Sex, Hingabe und – nicht zuletzt – der Suche nach Antworten auf Menschheitsfragen. Dürrenmatt chiffriert in den grotesken Signalen, die von seinem Handlungsort Irrenhaus ausgehen, die Blessuren einer unheilen Welt.

Als formales G r u n d m u s t e r dienen dem Spiel die aristotelischen drei Einheiten der Handlung, des Ortes und der Zeit. Die Einheit der Handlung realisiert sich über die Fabel, die eine einheitliche und in sich vollständige Begebenheit bietet. Aristoteles forderte einen so geschlossenen Zusammenhang, daß das Umsetzen oder Wegnehmen eines Teiles das gesamte Handlungsgefüge in Unordnung brächte. Die Einheit der Zeit sollte von derjenigen Zeitspanne abhängen, während derer bei fortschreitender Handlung ein Umschlag vom Glück zum Unglück – die Peripetie[82] – wahrscheinlich oder notwendig eintreten würde. Die Einheit des Ortes ergab sich im griechischen Theater von selbst durch die ständige Anwesenheit des Chors auf der Szene. Aristoteles hat sie gar nicht besonders erwähnt.

Die Handlung entwickelt sich bei Dürrenmatt mühelos aus einer einleuchtenden Exposition. Es gilt, die Umstände einer Tötung zu erleuchten. Der Handlungsort Irrenhaus bietet die nötigen Voraussetzungen, um unverkrampft zum kontrapunktischen Thema der salomonischen Weisheit vorzudringen. Ohne Brüche und Umwege wächst jede Szene aus der vorherigen. Die Einheit der Zeit erreicht gewissermaßen ihre maximale Möglichkeit: Die Aufführungsdauer entspricht genau der wirklichen Dauer der dargestellten Vorgänge. Der Salon der Villa wird für keinen Augenblick verlassen, und Dürrenmatt treibt die Einheit des Ortes zu solcher Vollkommenheit, daß noch nicht einmal das Interieur sich wandelt, von unterschiedlichen Graden des Aufgeräumtseins einmal abgesehen.

Im S t ü c k a u f b a u zeigen sich folgende Stufen.

Die eröffnende Kriminaluntersuchung gibt Gelegenheit, alle wichtigen Personen in ihren Wechselbeziehungen vorzustellen: den Kriminalisten, die Ärztin, die drei Irren, von denen einer vor drei Monaten und einer soeben erst getötet hat. Über den dritten bringt weiteren Aufschluß die Besuchsszene der Fami-

---

82) Peripetie: griech. peripeteia – im aristotelischen Drama die unerwartete, entscheidende Wendung, ein jäher Umschwung des Handlungsverlaufs zum unheilvollen (Tragödie) oder glücklichen (Komödie) Ausgang

lie Rose, die mit einem Eklat endet. Das Liebesgeständnis der Schwester löst schließlich den dritten Mord aus. An dieser Stelle wird das Publikum in die Aktpause entlassen. Alle Möglichkeiten scheinen offen. Der Beginn des zweiten Aktes wiederholt kongruent die Eröffnungssituation. Mit dem Unterschied, daß diesmal der Täter zu seiner Verantwortung steht. Aber den Organen der irdischen Gerechtigkeit sind die Hände gebunden. Ein Verrückter ist nicht strafmündig. Am Stückschluß wird er sich von neuem um die Möglichkeit gebracht sehen, verantwortlich zu handeln. Auch die ungleich bedeutendere, globale Verantwortung, in deren Namen er zu töten glaubte, ist ihm längst entzogen. Das Vorausverweisende dieser Handlungsphase findet in des Kriminalinspektors „. . . und lassen Sie mich bei Salomo empfehlen" (S. 57) eine satirische Zuspitzung.

In der Physiker-Szene erfolgt der Schwenk der Geschichte von der Kriminal- zur Agentenstory, die wiederum einmündet in Szenen nach der Art sentimentaler Volksstücke. Man denke an den Quasi-Rütlischwur der drei im physikalischen Mörder- und Bruderbund Vereinten oder an die Gedenk-Szene für die in Liebe Verbliebenen. Die Katastrophe kommt schließlich daher in der Einkleidung eines Dr.-Mabuse-Spektakels.

Was bleibt, sind die in tiefer Resignation versinkenden Schlußmonologe. Durzak wertet den Stückschluß kritisch: „Allerdings muß man Dürrenmatt vorwerfen, daß sich die Steigerung dieses Endes keineswegs in allen Punkten aus der Anlage des ersten Aktes ergibt. Ja, man könnte noch weitergehen und im Vergleich zu Brechts ‚Leben des Galilei' sagen, daß Galilei in der konkreten Auseinandersetzung mit der Realität gezeigt wird, während Möbius von vornherein außerhalb jeglichen konkreten Konfliktes in der Glashaus-Sphäre des Irrenhauses erscheint. Wo Galilei seine Siege und Niederlagen in der direkten Auseinandersetzung mit der Realität vermittelt und dadurch objektiv anschaulich macht, postuliert Möbius großenteils nur seine Situation. An die Stelle der dramatischen Vermittlung tritt die plakative Sentenz."[83]

Man mag sich dieser kritischen Sicht anschließen oder auch nicht – der Wechsel der Perspektive vom ersten zum zweiten

---

83) Manfred Durzak, Dürrenmatt. Frisch. Weiss, S. 125

Akt ist eine Tatsache. Der Spielort wandelt sich zum Gerichts-ort. Es wird Gericht gehalten über den vergeblichen Helden Möbius, über die Zustände in der Menschenwelt, über die Mächtigen. Dürrenmatt bleibt damit seiner dramatischen Grundlinie treu, die er schon im ,Besuch der alten Dame' mit analytischer Anlage der Fabel und der Verwandlung des Wirts-haussaales von Güllen in eine Stätte der Gerichtsbarkeit so er-folgreich praktiziert hatte.

Wie der Zeitbezug des dramatischen Gegenstands fördert auch die Attraktivität der d r a m a t i s c h e n M i t t e l die Anzie-hungskraft, welche von dem Stück ausgeht.

Dürrenmatt läßt eine rasante Handlung ablaufen, die das Publi-kum immer wieder durch Wendungen, Sprünge und Kontraste vor Unerwartetes stellt, das teils schockierend wirkt und teils rührend, aber niemals berechenbar. Der hochnotpeinlichen Polizeiuntersuchung folgt die kitschige Familienszene, dem in-nigen Flötenklang der als Psalm maskierte Protestsong, dem gefühligen Liebesgeständnis das eiskalte Gurgel-Abdrücken, um die wesentlichen Thriller-Effekte des ersten Teiles herzu-zählen. „Da die ,Geschichte' in einem Irrenhaus spielt, werden an diesem Ort von vornherein phantastische Erwartungen ge-knüpft. Dem Normalen wird eine Welt außerhalb der Norm vor-geführt. Auf das belustigte Zuschauen folgt dann tiefe Betrof-fenheit", wertet Volker Schüler.[84]

In die Handlung verwoben, speziell konzentriert in der Physi-ker-Szene, finden sich jene K e r n s ä t z e, die Teilaspekte der zentralen Frage nach der Verwantwortung des Physikers im Atomzeitalter meist thesenhaft fassen und sie so gleichsam dem Publikum zum Überdenken empfehlen, wie nachstehende repräsentative Auswahl erkennen lassen soll:

> „So vermag heute jeder Esel eine Glühbirne zum Leuchten zu bringen – oder eine Atombombe zur Ex-plosion." (Newton, S. 22)

> „Es gibt nun einmal nichts Anstößigeres als ein Wun-der im Reiche der Wissenschaft." (Möbius, S. 42)

> „Sie haben die Pflicht, die Türe auch uns aufzuschlie-ßen, den Nicht-Genialen." (Newton, S. 64)

---

84) Volker Schüler, Dürrenmatt. Der Richter und sein Henker. Die Physiker, S. 85 f.

„Was wir denken, hat seine Folgen". (Möbius, S. 65)

„Ich diene jedem System, läßt mich das System in Ruhe." (Newton, S. 65)

„Wir haben Pionierarbeit zu leisten und nichts außerdem". (Newton, S. 65)

„Doch dürfen wir die Verantwortung nicht ausklammern". (Einstein, S. 65)

„Das Ziel ist der Fortgang der Physik". (Möbius, S. 67)

„Es gibt Risiken, die man nie eingehen darf: Der Untergang der Menschheit ist ein solches." (Möbius, S. 68)

„Wir sind in unserer Wissenschaft an die Grenzen des Erkennbaren gestoßen." (Möbius, S. 69)

„Es gibt für uns Physiker nur noch die Kapitulation vor der Wirklichkeit." (Möbius, S. 69)

„Wir müssen unser Wissen zurücknehmen". (Möbius, S. 69)

„In der Freiheit sind unsere Gedanken Sprengstoff." (Möbius, S. 70)

„Entweder bleiben wir im Irrenhaus oder die Welt wird eines." (Möbius, S. 70)

„Alles Denkbare wird einmal gedacht." (Frl. Doktor, S. 75)

„Was einmal gedacht wurde, kann nicht mehr zurückgenommen werden." (Möbius, S. 77)

Diese Kernsätze korrespondieren mit den Schlußmonologen der drei Physiker, die gleichsam eine Antwort darstellen auf alle aufgeworfenen Teilfragen – eine Antwort, die Resignation heißt und Sinnlosigkeit des menschlichen Wollens.

Die Alternative, „Entweder bleiben wir im Irrenhaus oder die Welt wird eines", hat nicht wirklich existiert.

Von besonderem Gewicht für das Spiel ist das S a l o m o - M o - t i v. Wir begegnen ihm an den Brennpunkten der Handlung:

- im Dialog Rose – Möbius und dem „Psalm Salomos, den Weltraumfahrern zu singen" (S. 37 – 39) vor der entscheidenden Begegnung Möbius mit Schwester Monika.
- im Dialog Monika – Möbius kurz vor dem Mord (S. 45 – 47)
- im Dialog Frl. Doktor – Möbius vor der Zurückweisung von Möbius Strafbegehren durch den Inspektor (S. 55, 57)
- in Möbius monologischer Rede in der Physiker-Szene, die sein Credo formuliert (S. 69)
- im Augenblick, da das Bündnis der drei Physiker besiegelt wird (S. 71)
- in der Selbstentlarvung der Ärztin (S. 74 – 77)
- im Schlußmonolog Möbius (S. 78 f.)

Keller merkt in diesem Zusammenhang an: „Das Erscheinen Salomons in der Sicht oder im Erleben der dramatischen Personen gibt deutliche Zäsuren."[85]

Das Bild des Königs Salomo erfährt im Verlaufe der Spielhandlung unterschiedliche Ausdeutungen: Für den Missionar ist Salomo der biblische König mit dem Purpurmantel, der Psalmdichter und Sänger des Hohen Liedes.

Möbius sieht in ihm den nackten und stinkenden „armen König der Wahrheit" (S. 37), dessen Psalmen sich in Haßgesänge verwandeln. In diesem Bild symbolisiert sich für Möbius die Rolle des Wissenschaftlers im nuklearen Zeitalter.

Weisheit und Wahrheit waren einst Eckpfeiler des Herrschertums. Die Gelehrten dienten dem Glanz ihres Königshauses. Intelligenz und Erkenntnis führen in der Gegenwart die Menschheit an gefährliche Abgründe. Die Wahrheit hat einen tödlichen Beigeschmack bekommen. Forscher müssen ein schlechtes Gewissen haben als Diener der Mächtigen.

Dürrenmatt zitiert hier im dramatischen Bild einen Satz, den Jung in „Heller als tausend Sonnen" geschrieben hatte: „Denn die Wissenschaftler sind die von Tragik umwitterten Könige unserer Zeit."[86] Für die Ärztin ist Salomo das Symbol schrankenloser Macht, derer sie in seinem Namen und in seinem Auftrag teilhaftig werden soll.

85) Oskar Keller, Friedrich Dürrenmatt. Die Physiker, S. 55
86) Robert Jungk, Heller als tausend Sonnen, S. 10

Über die S p r a c h e der ‚Physiker' schreibt die Dürrenmatt-Kennerin Elisabeth Brock-Sulzer: „So wie es ist, reißt das Werk mit durch seine harten Umkehrungen, seine Theatercoups, seine neue Sprache. Denn nicht nur mit der klassischen Form hat Dürrenmatt hier etwas für ihn Neues versucht: auch in der Sprache hat er sich gewandelt oder zum mindesten schon früher begonnene Strebungen energisch weitergetrieben. Jetzt schreibt er unverkennbare Theatersprache, unverkennbar jene Sprache, die gerade so viel ausdrückt, wie nötig ist, den Schauspieler auf die richtige Bahn zu führen, damit er vollende, was zu leisten ist. Die ‚einfache', schmucklose Sprache der ‚Physiker' ist durchaus nicht Umgangssprache, sie ist nicht minder, nur weniger offen, stilisiert als die Sprache der früheren Stücke, sie hat ihre absichtlich erstellten Hürden, ihre versteckten Feierlichkeiten. Nur so können ja auch die schwierigsten Szenen des Stücks verwirklicht werden – ich denke da nicht an den fingierten Wahnsinnsausbruch des Möbius und an den echten der Ärztin, sondern an den Toast der Physiker auf die drei ermordeten Krankenschwestern, der auf gar keinen Fall komisch wirken darf, oder an die Liebesszene zwischen Möbius und Schwester Monika. Aber auch die Szene zwischen Möbius und seiner Familie ist ‚naturalistisch' nicht zu verwirklichen, hier dürfen die Darsteller gerade nur tun, als seien sie natürlich."

Die Sprache der ‚Physiker' wirkt einfach und ungekünstelt, ja alltäglich. Wendungen, deren Verständnis Schwierigkeiten bereiten könnte, kommen kaum vor, wenn auch Newton im Schlußmonolog sagt: „Hypotheses non fingo." (S. 78 – Ich stelle keine Behauptungen auf.) Selbst gängige Fremdwörter gehören im Text zu den Seltenheiten.

Aber gerade aus diesem scheinbar naiven Sprachgebaren erwächst ein besonderer Reiz, offenbart sich doch bei näherem Hinhören sehr bald der Mehr-Sinn des Gesprochenen, die Spiegelfechterei im Dialog, das Reden, ohne sich wirklich Mitteilen zu wollen.

Dürrenmatt gestaltet damit eine dramatische Sprache, welche die Entfremdung des Menschen in der Gegenwart denunziert: „Die Sprache verliert in den ‚Physikern' ihr Eigentümlichstes: die Aussagekraft, die Eindeutigkeit. Damit ist auch der Grund bloßgelegt, aus dem die vorgegebene Wirklichkeit zur Un-

Wirklichkeit werden muß. Auch die Sprache wird zur künstlerischen Ausdrucksform dieser vielgesichtigen paradoxen Wirklichkeit, die nur noch im Kontrast die wahre Realität sichtbar werden lassen kann."[87]

87) Oskar Keller, a. a. O., S. 64

10. „Die Physiker" im Unterricht – Erarbeitungsansätze

Dürrenmatts Bühnenstück „Die Physiker" wird kaum vor dem 10. Schuljahr gelesen werden können, eher später. Jede Unterrichtsreihe, in deren Mittelpunkt dieses Stück Dürrenmatts steht, wird sich schwerpunktmäßig auf die folgenden Aspekte einzulassen haben:

- Inhalt, Aufbau, Personenkonstellation;
- entstehungs-, rezeptions- und wirkungsgeschichtliche Fakten;
- Dürrenmatts Theorie der Komödie;
- Ausblicke auf problemverwandte bzw. kontrastive Dramen der Gegenwart.[88]

Wir gehen von ca. 12 Unterrichtsstunden aus, die für eine verhältnismäßig gründliche Durchdringung des Textes und seiner zentralen Thematik veranschlagt werden sollten. So wertvoll und wichtig die Aufführung des Stückes auf einer Schülerbühne auch nach unserer Auffassung ist, so wenig realistisch ist eine solche Zielsetzung für die meisten der durch diesen Band angesprochenen Zielgruppen. Wir verzichten deshalb auch an dieser Stelle auf Hinweise zur Einstudierung. Jeder Unterrichtende, der das vorhat, wird ohnehin seinen eigenen Weg suchen müssen.

Im ‚Normalfall' wird der Text anders angegangen und verarbeitet. **Fünf Ansätze** sind denkbar, um dem anspruchsvollen Bühnenstück im Unterricht gerecht zu werden, ohne die differenzierten Vorbedingungen der Lerngruppen, die an dieser Stelle nicht konkretisiert werden können, zu übergehen:

(1) Ausgang von der Problemfrage (im Rahmen eines breiter angelegten Vorhabens), wobei der Text vornehmlich begleitende DISKUSSIONS- und REFLEXIONSFOLIE ist:
„Wie müssen sich Wissenschaftler/Physiker in der heutigen Zeit verhalten?"

(2) Ausgang von wertenden STELLUNGNAHMEN der KRITIK zum Text (vgl. S. 63 – 68 dieses Bandes).

---

88) Franz-Josef Payrhuber. Deutsches Gegenwartsdrama im Literaturunterricht der Sekundarstufe I. München 1978

(3) Ausgang von den 21 THESEN DÜRRENMATTS und von dort hergeleitete Analyse. Die Thesen werden nachstehend zitiert.

Dürrenmatts 21 Punkte zu den Physikern

1. Ich gehe nicht von einer These, sondern von einer Geschichte aus.
2. Geht man von einer Geschichte aus, muß sie zu Ende gedacht werden.
3. Eine Geschichte ist dann zu Ende gedacht, wenn sie ihre schlimmstmögliche Wendung genommen hat.
4. Die schlimmstmögliche Wendung ist nicht voraussehbar. Sie tritt durch Zufall ein.
5. Die Kunst des Dramatikers besteht darin, in einer Handlung den Zufall möglichst wirksam einzusetzen.
6. Träger einer dramatischen Handlung sind Menschen.
7. Der Zufall in einer dramatischen Handlung besteht darin, wann und wo wer zufällig wem begegnet.
8. Je planmäßiger die Menschen vorgehen, desto wirksamer vermag sie der Zufall zu treffen.
9. Planmäßig vorgehende Menschen wollen ein bestimmtes Ziel erreichen. Der Zufall trifft sie dann am schlimmsten, wenn sie durch ihn das Gegenteil ihres Ziels erreichen: Das, was sie befürchten, was sie zu vermeiden suchten (z. B. Oedipus).
10. Eine solche Geschichte ist zwar grotesk, aber nicht absurd (sinnwidrig).
11. Sie ist paradox.
12. Ebensowenig wie die Logiker können die Dramatiker das Paradoxe vermeiden.
13. Ebensowenig wie die Logiker können die Physiker das Paradoxe vermeiden.
14. Ein Drama über die Physiker muß paradox sein.
15. Es kann nicht den Inhalt der Physik zum Ziele haben, sondern nur ihre Auswirkung.
16. Der Inhalt der Physik geht die Physiker an, die Auswirkung alle Menschen.
17. Was alle angeht, können nur alle lösen.
18. Jeder Versuch eines Einzelnen, für sich zu lösen, was alle angeht, muß scheitern.

19. Im Paradoxen erscheint die Wirklichkeit.
20. Wer dem Paradoxen gegenübersteht, setzt sich der Wirklichkeit aus.
21. Die Dramatik kann den Zuschauer überlisten, sich der Wirklichkeit auszusetzen, aber nicht zwingen, ihr standzuhalten oder sie gar zu bewältigen.

(4) Ausgang von Kernsätzen der Zentralgestalt MÖBIUS (vgl. S. 72/73 dieses Bandes).

(5) Vergleich: Lehrtheater-Groteske (nach E.-M. Kabischs „sechstem Interpretationsansatz") mit Brechts „Galilei".

Wir skizzieren den Aufbau einer Unterrichtsreihe (4). Damit zielen wir auf einen mittleren Anspruch (ab Lerngruppen 10B/Hauptschulen). Dieser Ansatz stellt sicher, daß auch diejenigen Lerngruppen, die in den zurückliegenden Schuljahren im Umgang mit ‚Ganzschriften' nur geringe Erfahrungen sammeln konnten, zur **Zentralthematik** des Textes vordringen und darüber hinaus auch Fragen der **Komödientheorie Dürrenmatts** berühren können, ohne diese eigens zu einem wesentlichen Zielaspekt der Reihe machen zu müssen.

	DURCHFÜHRUNGSSCHRITTE
0	Häusliche Lektüre (ca. 1 Woche im Voraus) und offenes Gespräch über die Eindrücke des Gelesenen.
1	Annäherung an die Zentralgestalt MÖBIUS: Charakteristik – Lebensbild – Handlungsweisen – vgl. S. 46 – 48 dieses Bandes –
2	Herausarbeiten von Kernsätzen MÖBIUS'; Problematisierung. – vgl. S. 72 – 73 dieses Bandes –
3	Die Bedeutung des „Salomo-Motivs" und Rückbezug zu Aspekt/Aufgabenstellung 2 – vgl. S. 73 – 74 dieses Bandes –
4	Vorläufige Interpretation und Vergleich mit Stellungnahme und Kritiken. – vgl. S. 63 – 68 dieses Bandes –
5	Der Standort des Autors („Theaterprobleme" – 1962). – vgl. S. 15 – 17 – S. 69 – 75 dieses Bandes –

11. Verzeichnis der eingesehenen und zitierten Literatur

Dürrenmatt, Friedrich	– Die Physiker. Eine Komödie in zwei Akten Zürich 1962 (Die Seitenzahlen zu den Textzitaten beziehen sich auf diese Werkausgabe.) – Theater-Schriften und Reden Hrsg. E. Brock-Sulzer Zürich 1969 – Dramaturgisches und Kritisches Hrsg. E. Brock–Sulzer Zürich 1972
Arnold, Armin	Friedrich Dürrenmatt Berlin 1969
Arnold, Heinz Ludwig (Hg.)	Text + Kritik. Zeitschrift für Literaten. Friedrich Dürrenmatt (Heft 50/51 + 56) München 1980/1984
Bänzinger, Hans	Frisch und Dürrenmatt Bern und München 1967 [5)]
Bänzinger, Hans	Materialien und Kommentare. Tübingen 1987
Brecht, Bertolt	Stücke VIII Berlin 1957
Brock-Sulzer, Elisabeth	Dürrenmatt in unserer Zeit. Eine Werkinterpretation nach Selbstzeugnissen Basel 1971

Brock-Sulzer, Elisabeth   Friedrich Dürrenmatt. Stationen seines Werkes. 4. erg. Auflage Zürich 1973

Der Spiegel
Nr. 4/1986
Nr. 50/1986
Nr. 5/1987
Nr. 13/1987
Nr. 14/1987
Nr. 16/1987
Nr. 33/1987

Die Welt
Nr. 100/1987

Durzak, Manfred   Dürrenmatt. Frisch. Weiss. Deutsches Drama der Gegenwart zwischen Kritik und Utopie
Stuttgart 1972

Dutschke, Rudi/
Wilke, Manfred (Hg.)   Die Sowjetunion, Solschenizyn und die westliche Linke
Hamburg 1975

Frankfurter Allgemeine Zeitung
26.2.1962

Gehrke, Hans   Bertolt Brecht. Der gute Mensch von Sezuan.
Leben des Galilei
Hollfeld 1981 [4]

Gertner, Hannes   Das Komische im Werk Friedrich Dürrenmatts. Frankfurt a.M. - Bern - New York - Nancy 1984

Gesellschaftswissenschaften
Nr. 3/(51)/1987
Hrsg. v.d. Akademie der Wissenschaften der UDSSR

Götz, Heinrich	Friedrich Dürrenmatt mit Selbstzeugnissen und Bilddokumenten. Reinbek b. Hamburg 1993 (23.-26. Tsd.)
Hamann, Richard	Geschichte der Kunst Berlin 1932
Hannemann, Bruno	Der böse Blick. Zur Perspektive von Nestroys und Dürrenmatts Komödie. In: Wirkendes Wort, 1976, S. 167-183
Jungk, Robert	Heller als tausend Sonnen. Das Schicksal der Atomforscher Hamburg 1956 (Nachauflage 1968)
Jungk, Robert (Hg.)	Off limits für das Gewissen. Der Briefwechsel Claude Eatherly – Günther Anders Hamburg 1961
Kabisch, Eva-Maria	Interpretation wiederholen und üben. Ein Arbeitsheft für den Deutschunterricht der Sekundarstufe II. Stuttgart 1986
Kästler, Reinhard	– Max Frisch. Andorra Hollfeld 1986 – Friedrich Dürrenmatt. Der Besuch der alten Dame Hollfeld 1987
Keel Daniel (Hg.)	Über Friedrich Dürrenmatt. Essays und Zeugnisse von Gottfried Benn bis Saul Bellow. Zürich 1980

Keel, Daniel (Hrsg.)   Herkules und Atlas. Lobreden und andere Versuche über Friedr. Dürrenmatt zu seinem siebzigsten Geburtstag. Zürich 1990

Keller, Oskar   Friedrich Dürrenmatt. Die Physiker München 1970

Knopf, Jan   Friedrich Dürrenmatt München 1977 [2]

Lengborn, Thorbjörn   Schriftsteller und Gesellschaft in der Schweiz. Zollinger. Frisch. Dürrenmatt Frankfurt a. M. 1972

Mittenzwei, Werner   – Bertolt Brecht. Von der ‚Maßnahme' zu ‚Leben des Galilei' Berlin und Weimar 1977

    – Kampf der Richtungen. Strömungen und Tendenzen der internationalen Dramatik Leipzig 1978

Möller, Hans-Martin   Friedrich Dürrenmatt. Die Physiker. München 1996 (Reihe Mentor)

    Neues Deutschland 21./22. März 1987

Parker, R.A.C.   Das zwanzigste Jahrhundert I. 1918 – 1945. Fischer Weltgeschichte. Band 34 Frankfurt a.M. 1967

Payrhuber, Franz-Josef   Deutsches Gegenwartsdrama im Literaturunterricht der Sekundarstufe I. München 1976

Pfeiffer, Heinrich (Hrsg.)   Denken und Umdenken. München 1977. Darin: N.F. Alexander. F.D. „Die Physiker". Die Verantwortung des Forschens, S. 176-193

Profitlich, Ulrich   Friedrich Dürrenmatt. Komödien-
begriff und Komödienstruktur. Eine
Einführung
Stuttgart 1973

Schüler, Volker   Dürrenmatt. Der Richter und sein
Henker.
Die Physiker. Hollfeld 1974

Stern
Nr. 36/1986
Nr. 11/1987

Time Nr. 11/1987

Weizsäcker, Richard von   Von Deutschland aus. Reden des
Bundespräsidenten
Berlin 1985

Ferner wurden diverse Nachschlagewerke benutzt.